船舶工匠系列教材
国家级重点技工学校推荐教材

# 船舶钳工实训指导手册

李　斌　汤冬葵　倪春明　主编
董三国　韦方方　主审

哈尔滨工程大学出版社
Harbin Engineering University Press

## 内容简介

本书共分为九个项目，分别介绍了船舶钳工概述，画线的工具及操作方法，錾削的工具及操作方法，锯割的工具及操作方法，锉削的工具及操作方法，钻孔、扩孔、锪孔和铰孔的工具及操作方法，攻丝和套丝的工具及操作方法，刮削和研磨的工具及操作方法，锉配合与钳工装配修理的基本知识。本书在写作方式上力求简明，强调实用性和理实一体化结合，贴合船舶生产实际。

本书可作为职业院校船舶工程专业学生的教材，也可供船舶工程技术人员参考。

**图书在版编目(CIP)数据**

船舶钳工实训指导手册/李斌，汤冬葵，倪春明主编.
—哈尔滨：哈尔滨工程大学出版社，2020.11
ISBN 978-7-5661-2820-1

Ⅰ.①船… Ⅱ.①李… ②汤… ③倪… Ⅲ.①船舶-钳工-教学参考资料 Ⅳ.①U671-62

中国版本图书馆 CIP 数据核字(2020)第 222695 号

选题策划　史大伟　薛　力
责任编辑　张志雯
封面设计　李海波

出版发行　哈尔滨工程大学出版社
社　　址　哈尔滨市南岗区南通大街 145 号
邮政编码　150001
发行电话　0451-82519328
传　　真　0451-82519699
经　　销　新华书店
印　　刷　哈尔滨市石桥印务有限公司
开　　本　787 mm×1 092 mm　1/16
印　　张　8.75
字　　数　230 千字
版　　次　2020 年 11 月第 1 版
印　　次　2020 年 11 月第 1 次印刷
定　　价　30.00 元
http://www.hrbeupress.com
E-mail:heupress@hrbeu.edu.cn

# 前　　言

近年来，我国造船工业飞速发展，其在国防工业和国民经济中的地位越来越突出，船舶工程技术专业中等职业教育也得到了蓬勃的发展。船舶钳工是船舶工程专业的一门重要专业课程。为贯彻《国务院关于加快发展现代职业教育的决定》和《教育部关于深化职业教育教学改革　全面提高人才培养质量的若干意见》精神，落实《上海市人民政府关于大力发展现代职业教育的决定》中提出的“推动国家产业发展急需的示范专业建设”的要求，进一步推进学校专业的内涵发展、特色发展和创新发展，江南造船集团职业技术学校面向国际水平专业的前沿方向，瞄准全国最优专业，适应船舶工业发展的形势，满足船舶工程技术中等职业教育人才培养的需要，遵照“必需、够用”的原则，以培养适应技术进步和生产方式变革，以及社会公共服务需求的高素质劳动者和知识型、发展型技术技能人才为目标，组织编写了这本《船舶钳工实训指导手册》。本书以钢质海船的建造为背景，介绍了画线、錾削、锯割、锉削、钻孔、扩孔、锪孔、铰孔、攻丝、套丝、刮削和研磨等钳工工艺的安全操作方法与工具的使用，以及锉配合与钳工装配修理的基本知识。

参加本书编写工作的有李斌、汤冬葵、倪春明。

本书由董三国、韦方方担任主审，胡鸿湧等参与审定，在此表示衷心感谢！

由于编者水平有限，书中疏漏甚至错误之处在所难免，敬请读者批评指正，以便在今后的教学和再版时改正。

编者

2020 年 8 月

# 目　　录

# 项目一　概　　述

钳工是机械制造中最古老的金属加工技术，因常在钳工台（图1－1）上用虎钳（图1－2）夹持工件操作而得名。19世纪以后，各种机床的发展和普及，虽然逐步使大部分钳工作业实现了机械化和自动化，但在机械制造过程中钳工仍是被广泛应用的基本技术。

(a)钳工台

(b)钳工台高度

图1－1　钳工台及高度

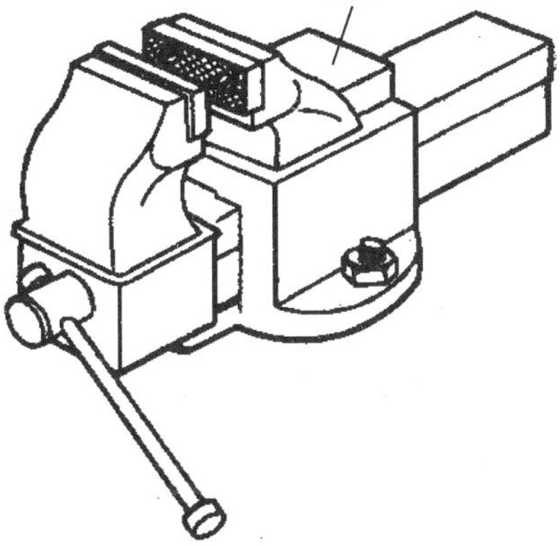

(a)固定式

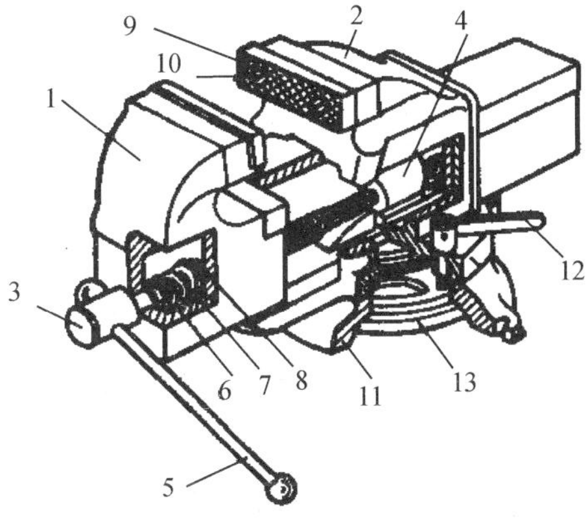

(b)活动回转式

1—活动钳体；2—固定钳体；3—丝杆；4—丝杆螺母；5—手柄；6—弹簧；7—挡圈；8—销子；9—钳口；10—钳口固定螺钉；11—钳座；12—转动手柄；13—夹紧盘。

图1－2　虎钳

钳工加工操作灵活，工具和设备价格低廉，携带方便。在不适于机械加工的场合，尤其是在机械设备的维修作业中，钳工加工可获得满意的效果。技术熟练的钳工可加工出比用现代化机床还要精密和光洁的零件，可以加工出连现代化机床也无法加工的形状非常复杂的零件，如高精度量具、样板及开头复杂的模具等。因此，钳工工作具有广泛的适应性、灵活性及多样性，在许多方面是机械加工所不能取代的。当然，钳工生产效率低，劳动强度大，加工质量不稳定，也是不容忽视的缺点。

钳工在生产中所承担的任务主要有以下几项。

(1)画线

对加工前的零件进行画线。

(2)零件加工

对采用机械方法不太适宜或不能加工的零件，以及各种工、夹、量具和各种专用设备等的制造，要通过钳工工作来完成。

(3)装配

将加工好的零件按机械的各项技术精度要求进行组件、部件装配和总装配，使之成为一台完整的机械。

(4)设备维修

机械设备在使用过程中出现损坏、产生故障或长期使用后失去使用精度的零件要通过钳工进行维护和修理。

(5)创新技术

为了提高劳动生产率和产品质量，不断进行技术革新，改进工具和工艺，也是钳工的重要任务。

随着机械生产技术的日益发展，钳工技术也越来越复杂，于是产生了专业性的分工，如有普通钳工(简称钳工)、装配钳工和修理钳工等。无论哪一种钳工，都必须掌握各项基本操作。要求学生通过学习，能够掌握钳工的基本理论知识和常用的操作技能，如画线、錾削、锉削、钻孔、攻丝与套丝、刮削、研磨、弯曲、锉配合等。

钳工要加强基本技能练习，严格要求，规范操作，多练多思，勤劳创新。基本操作技能是进行产品生产的基础，也是钳工专业技能的基础，因此必须首先熟练掌握，才能在今后工作中逐步做到得心应手，运用自如。钳工基本操作项目较多，各项技能的学习掌握又具有一定的相互依赖关系，因此要求学生必须循序渐进，由易到难，由简单到复杂，一步一步地对每项操作按要求学习好、掌握好。基本操作是技术知识、技能技巧和力量的结合，不能偏废任何一个方面。学习过程中要自觉遵守纪律，有吃苦耐劳的精神，严格按照每个工种的要求进行操作。只有这样，才能很好地完成基础训练。

钳工操作的安全注意事项主要有以下几项：

(1)钳工工作地点应保持整齐清洁，各类船舶机械配件、备件应有条不紊地放在规定地点，并要固定好。

(2)放在钳台上的工具、量具、工件应整齐有序，便于取用。

(3)量具应保管好，不可与工件等物品混放在一起，以免损坏量具，影响测量精度。

(4)使用钻床、砂轮机时，注意力要集中，严格遵守钻床、砂轮机的使用规则，未经许可，不得动用。

(5)工作完毕后应对工作场地做好清洁整理工作。

(6)用虎钳夹持工件时只可用手力，切不允许用其他任何方法在手柄上加力，以免损坏虎钳丝杆和螺母。虎钳应保持清洁，活动部分常加些滑油润滑。

(7)在教室及船舶上均不得擅自使用不熟悉的工具及设备。

(8)船舶机舱中，许多重要位置均放有检修机械设备和专用工具，一般情况下不得随意挪用，急需使用时，用后应立即放回原处，并固定好。

(9)使用起重设备时，应注意安全，不得在有人的上方进行起吊工作。

(10)使用电器设备时，应严格按照操作规程使用，以防触电。

# 项目二　画　　线

在毛坯或工件上，用画线工具画出待加工部位的轮廓线或作为基准的点、线的过程，称为画线。

画线一般可分为平面画线和立体画线两种。只需在工件的一个表面上画线，即能明确表示加工界线，这种画线称为平面画线；需要在工件几个互成不同角度（一般是互相垂直）的表面上画线，才能明确表示加工界线的画线过程，称为立体画线。

画线不但使零件在加工时有明显的标志作依据，还可检查加工的毛坯件是否可用，以免造成时间的浪费。另外通过画线借料可以弥补缺陷。

画线是一项复杂、细致的工作，在画线前首先要看懂图纸，准备好工件涂料、画线工具，并要熟练使用画线工具和测量工具；画线时要认真仔细，画好线后应反复检查，以免由于画线的错误而造成废品。

## 任务一　画线前准备

### 一、工具的准备

工具的准备是根据工件加工的各项技术要求选择好工具，并做好检查、校验和修理。画线常用的工具有画针、画规、画针盘、钢尺、画线平台、高度游标卡尺、90°角尺、样冲、千斤顶、V 形铁等。

1. 画针

画针是一种直径为 3 ~ 5 mm、长为 200 ~ 300 mm 的钢针，尖端经淬火硬化后磨成 15° ~ 25°的尖角。有的画针在尖端部位焊有硬质合金，使其耐磨性更好。

画针有直头画针和弯头画针两种，如图 2 - 1 所示。用直头画针画线时画针尖端要紧贴钢尺的底边向外和向画线方向倾斜 15° ~ 20°，以保证画线的正确性，如图 2 - 2 所示。弯头画针一般用于立体画线或直头画针画不到的地方，如图 2 - 3 所示。

2. 样冲

工件上画好的加工线可能在加工过程中被抹去以至无法辨认和检查，如在画线的线条上打上冲眼，就可避免上述问题。样冲（尖头冲）由工具钢制成，其尖端和顶部经淬火硬化处理。冲尖的角度根据使用的场合而定，用于标志钻孔中心时，尖角为 60°，用于画线作加工标志时，尖角为 40°左右。

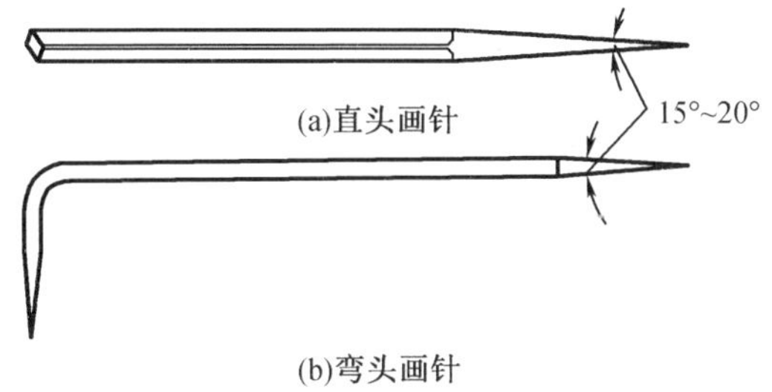


图 2－1　画针

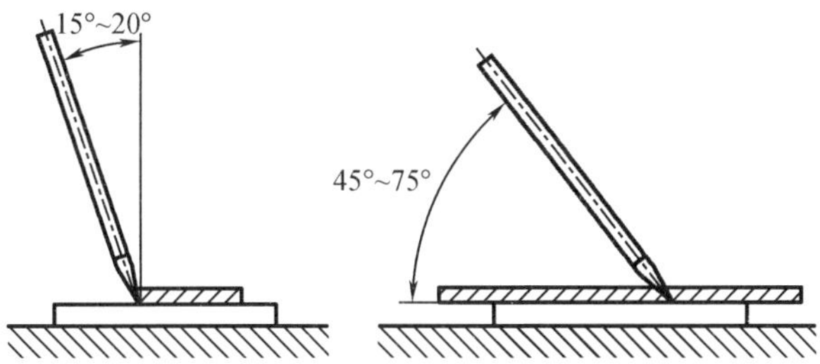


图 2－2　直头画针使用方法

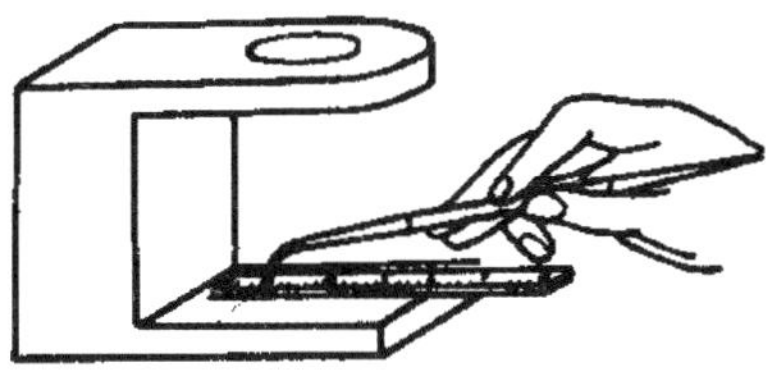

图 2－3　弯头画针使用方法

冲眼时先将样冲倾斜使尖端对准线的正中，然后再将样冲立直冲眼，如图 2－4 所示。

冲眼位置要准确，中心不可偏离线条（图 2－5）；在曲线上冲眼距离要小些，如直径小于 20 mm 的圆周线上应有 4 个冲眼，而直径大于 20 mm 的圆周线上应有 8 个以上的冲眼；在直线上冲眼距离可大些，但在短直线上至少应有 3 个冲眼；在线条的转折、交叉处则必须有冲眼。冲眼的深浅要适当，在薄板上或光滑表面上冲眼要浅，粗糙表面上要深些，软金属则可不打冲眼。

3. 画规

画规也叫圆规，用来画圆周线、弧线、等分线段、等分角度以及量取尺寸等。

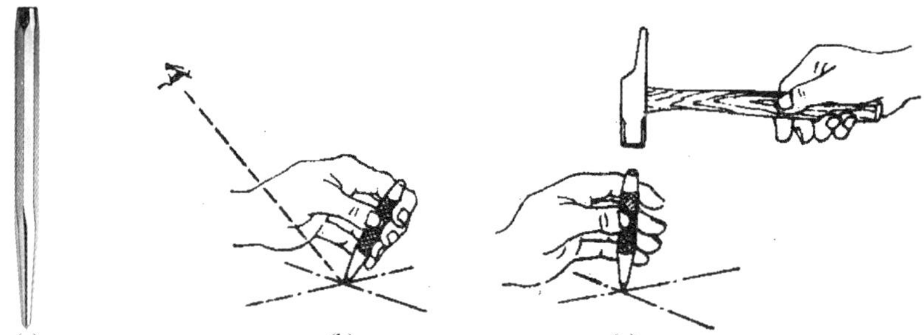


**图 2－4　样冲及其使用方法**

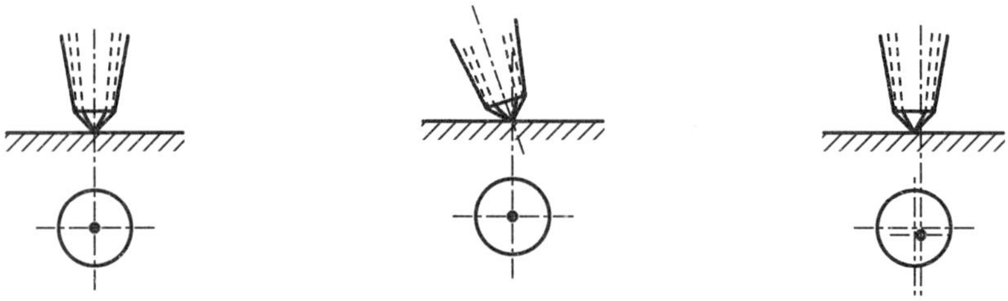


**图 2－5　样冲点**

画规由工具钢制成,其顶尖部分经淬火硬化处理,也可在画规顶尖部位焊上硬质合金以提高其硬度、保持其尖锐和锋利。

为了能量取和画出较小的尺寸,要求画规两脚等长,以及两脚相并合时脚尖能紧密贴合,两脚开合要松紧适当。图 2－6 所示为三种常用的画规。

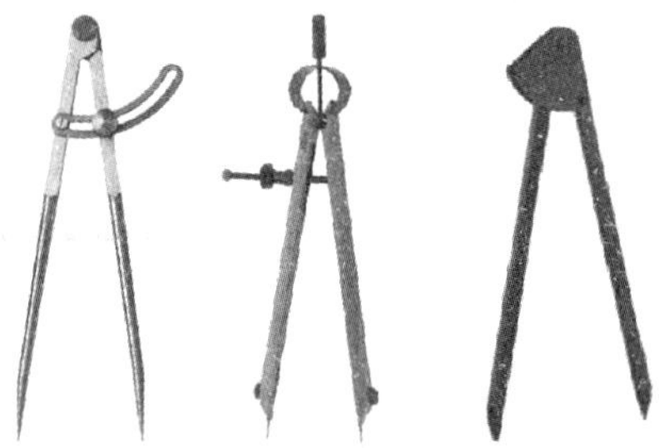

**图 2－6　画规**

用画规量取尺寸前应沿着钢尺重复量取数次,以减少误差(图 2－7)。

使用画规画圆时,作为旋转中心的一脚应加以较大的压力,另一脚则以较轻的压力在工件表面上画出圆或圆弧,这样可使中心不致滑动(图 2－8)。画规两脚尖要在同一平面上,否则尖脚间距离就不是所画圆的半径,因此中心眼不能冲得太深。

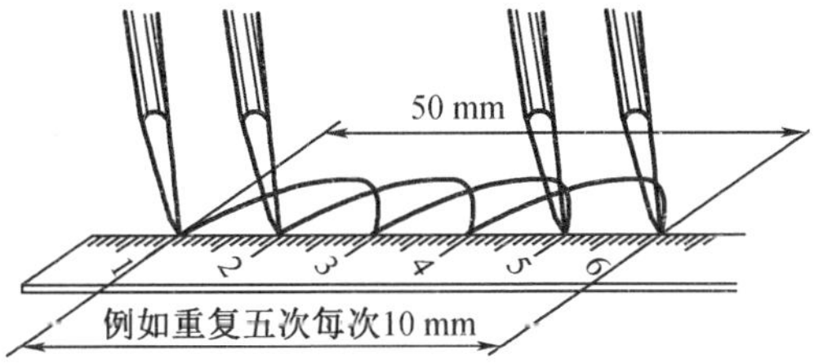


**图 2-7　用画规量取尺寸**

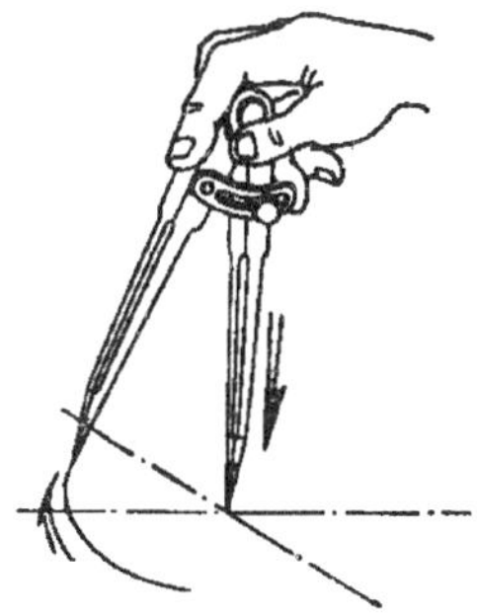

**图 2-8　用画规画圆**

4. 90°角尺

90°角尺(图 2-9)除用来进行工件 90°的垂直检查外,在画线时常用作画平行线和垂直线的导向工具,在立体画线中还可用来找正工件平面在画线平台上的垂直位置,如图 2-10 所示。

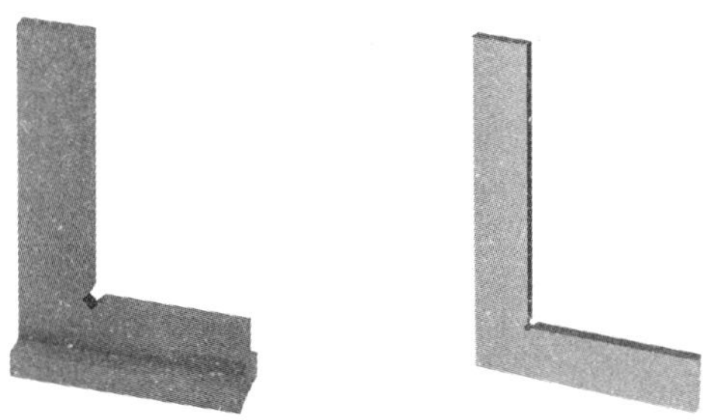

**图 2-9　90°角尺**

5. 钢尺

钢尺主要用来度量长度,也可检验工件表面的平面度,或用来与画针配合画直线。

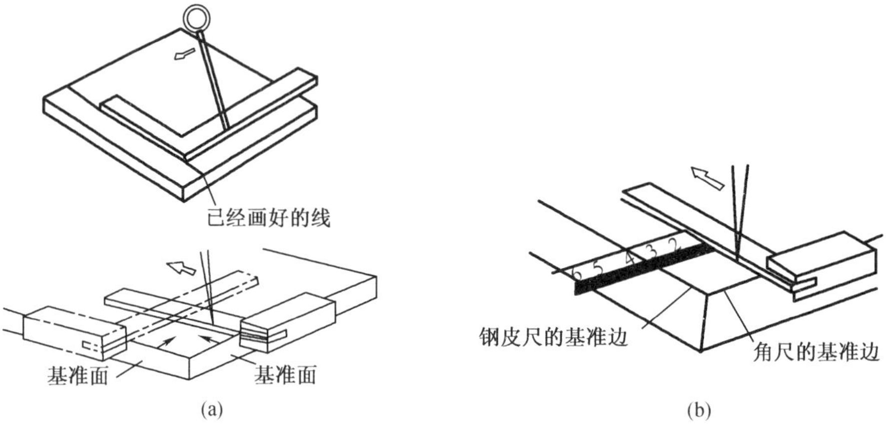


**图 2-10 90°角尺的应用**

6. 画线平台

画线平台（又称画线平板）如图 2-11 所示。它由铸铁制成并经过时效处理，平台工作面经过精刨、精磨或刮削加工，作为画线时的基准平面。画线平台一般搁置在木架上，放置时应使平台工作表面处于水平状态。

**图 2-11 画线平台**

平台工作表面应保持清洁，工具和工件在平台上都要轻拿轻放，不应损伤其工作表面，用后要擦干净，并涂上机油防锈。

7. 画针盘

画针盘（画线盘）有两种形式，即普通画针盘和可微调画针盘（图 2-12），它用来画平行线和水平线以及在画线平台上对工件进行校正，以保证工件在平台上获得正确的画线位置。

使用注意事项：

（1）画针伸出的长度应尽可能短些，以免工作时产生振动。

（2）画针与工件表面之间保持 40°~60°角度为宜（沿画线方向），以减小画线阻力和防止画线时画针产生振动而影响画线的质量。

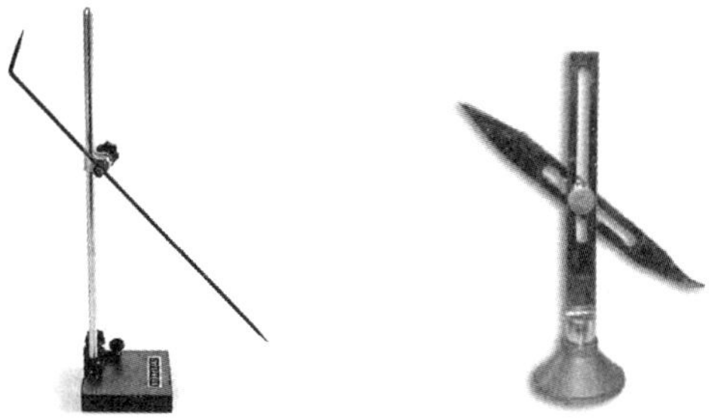

(a)微调画针盘　　(b)普通画针盘

**图 2-12　画针盘**

(3)每画完一条线后,应返回画线起点进行校对,并应对照高度尺检查所取尺寸是否正确。

(4)画线时对画针用力应均匀适当,不可在同一条线上重复画几次而使线条变粗,从而降低画线精度。

(5)画针盘用完后应将画针尖端朝下,固定放好。

8. 高度游标卡尺

高度游标卡尺如图 2-13 所示,用于测量零件的高度和精密画线。高度游标卡尺的测量工作应在平台上进行。当量爪的测量面与基座的底平面位于同一平面时,如在同一平台平面上,主尺与游标的零线相互对准。所以在测量高度时,量爪测量面的高度就是被测量零件的高度尺寸,它的具体数值与游标卡尺一样可在主尺(整数部分)和游标(小数部分)上读出。应用高度游标卡尺画线时,调好画线高度,用紧固螺钉把尺框锁紧后,也应在平台上先进行调整再画线。

**图 2-13　高度游标卡尺**

9. 千斤顶

千斤顶是支承毛坯或形状不规则的画线工件时在平台上调整高度用的,通常使用时为三个一组,如图 2-14 所示。

(a) (b)

**图 2-14 千斤顶**

用千斤顶支承工件时,为确保工件稳定可靠,需注意以下几点:

(1)三个千斤顶的支承点离工件的重心尽可能远,三个支承点所组成的三角形面积尽可能大。

(2)一般在工件较重的部位放两个千斤顶,较轻的部位放一个千斤顶。

(3)工件的支承点尽量不要选择在容易发生滑动的地方。

(4)必要时,须增加安全措施,如在工件上拴绳子吊住或在工件下面加辅助垫铁,以防止工件不稳滑动时产生伤害事故。

10. V 形铁

V 形铁(元宝铁)如图 2-15 所示,主要用于水平位置安放圆柱形工件,以便用画针盘画出中心线等。V 形铁槽一般呈 90°或 120°角,有良好的对中性,使用时通常是等高的两个 V 形铁为一组同时使用,以保证画线的准确性。

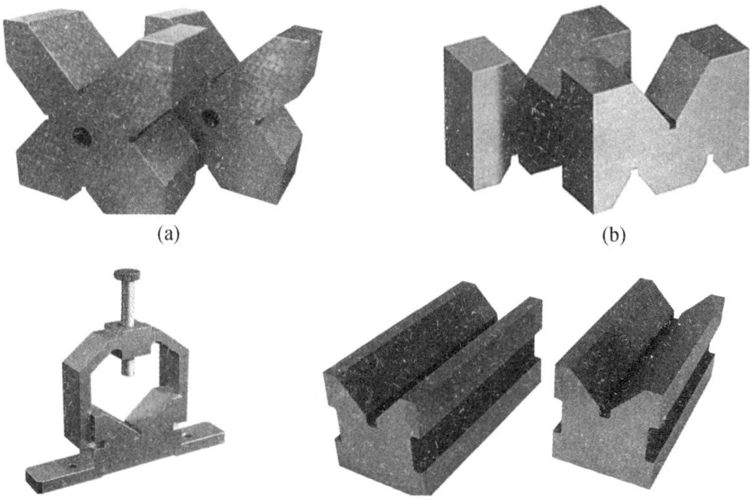

(a) (b) (c) (d)

**图 2-15 V 形铁**

## 二、工件的清理

工件在画线前要经过清理，一般先用钢丝刷除去氧化铁和砂粒，再清除工件毛坯上的毛头和油污，以增强涂料的附着力，使画出的线条明显、清晰、正确。

## 三、工件画线表面涂料

工件画线表面清洁后，为使画出的线条清晰，需在画线部位涂上一层薄而均匀的涂料，涂料干燥后，即可进行画线。涂料的种类很多，应根据工件表面的精度来确定，常用的涂料有石灰水和蓝油。石灰水用于铸件毛坯表面的涂色；蓝油是由质量分数为 2% ~4% 的龙胆紫、3% ~5% 的虫胶和 91% ~95% 的酒精配制而成的，主要用于已加工表面的涂色。

## 四、工件孔装中心塞块

在有孔的工件上画圆或等分圆周时，必须先求出孔的中心，为此一般要在孔中装上中心塞块。对于不大的孔，通常用铅块打入，较大的孔则可用木料或用可调节塞块填塞（图 2 – 16）。

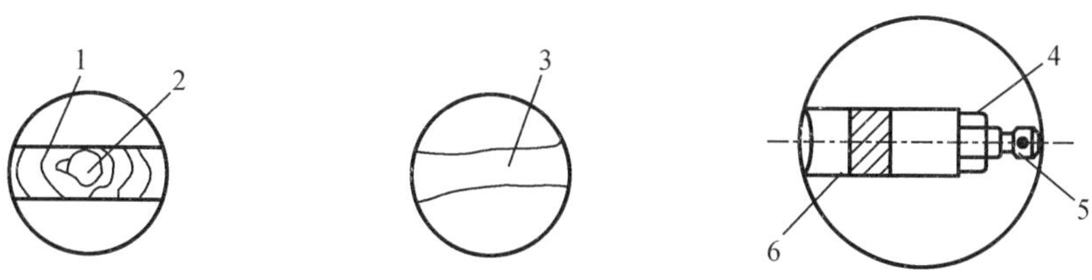


1—木块；2—铝皮或铜皮；3—铅条；4—锁紧螺母；5—伸缩螺钉；6—钢块。

**图 2 – 16　孔中心塞块**

## 五、画线基准的选择

画线时，选择工件上的某个点、线或面作为依据，来确定工件的各部分尺寸、几何形式及工件上各要素的相对位置，这个依据称为画线基准。

画线应从画线基准开始。选择画线基准的基本原则是：尽可能使画线基准和设计基准重合。这样能直接量取画线尺寸，简化尺寸换算过程。

画线基准一般有以下三种类型，如图 2 – 17 所示：

（1）以两个互相垂直的平面（或直线）为基准；

（2）以两条互相垂直的中心线为基准；

(3)以互相垂直的一个平面和一条中心线为基准。

画线时,在工件各个方向上都需要选择一个画线基准。其中,平面画线一般选择两个画线基准;立体画线一般要选择三个画线基准。

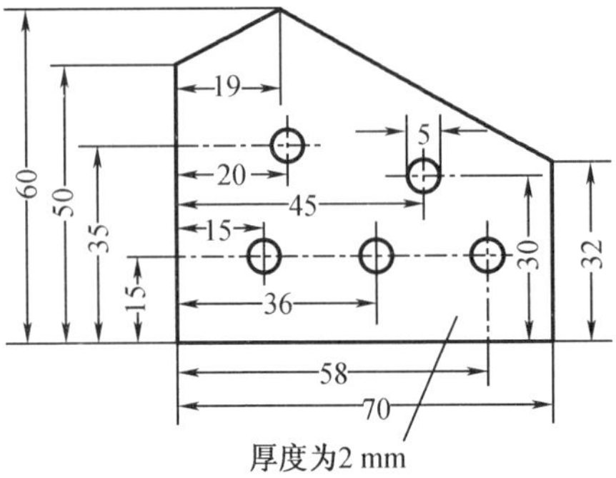


(a)以两个互相垂直的平面(或直线)为基准

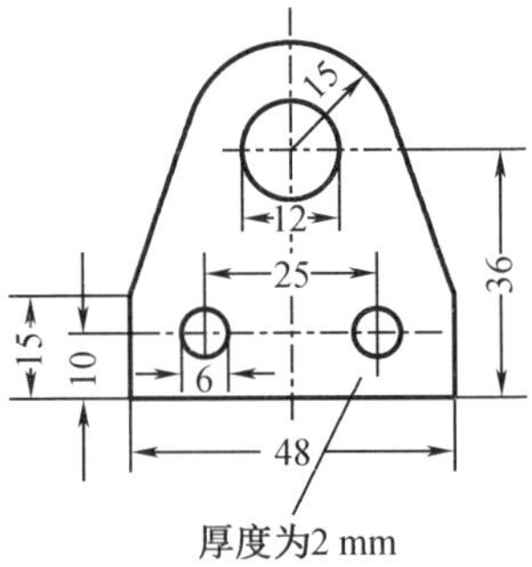


(b)以两条互相垂直的中心线为基准

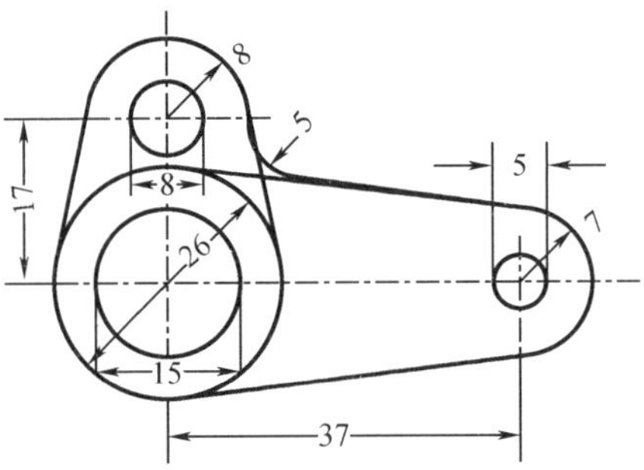


(c)以互相垂直的一个平面和一条中心线为基准

**图 2-17　画线基准的选择(单位:mm)**

## 六、画线前的找正与借料

找正就是利用画线工具,调节支承工具,使与工件有关的毛坯表面都处于合适的位置。找正时应注意的事项如下:

(1)当毛坯工件上有不加工表面时,应按不加工表面找正后再画线,这样可使加工表面与不加工表面之间的尺寸均匀。注意:当工件上有两个以上不加工表面时,应选择重要的或较大的不加工表面作为找正依据,并兼顾其他不加工表面。这样不仅可以使画线后的加工表面与不加工表面之间的尺寸比较均匀,而且可以使误差集中到次要或不明显的部位。

(2)当工件上没有不加工表面时,可对各待加工表面自身位置找正后再画线。这样可以使各待加工表面的加工余量均匀分布,避免加工余量相差悬殊,有的过多,有的过少。

当毛坯的尺寸、形状或位置误差和缺陷难以用找正画线的方法补救时,就需要利用借料的方法来解决。

借料就是通过试画和调整，使各待加工表面余量互相借用，合理分配，从而保证各待加工表面都有足够的加工余量，使误差和缺陷在加工后可排除。

# 任务二　画法几何画线操作举例

任何复杂的图形都是由直线、曲线、圆及角组成的。用图来表示各种零件的轮廓，就是用这些线条组合、连接来画图。为了能在工件上画出精确的加工线，就必须掌握基本的画线方法。

## 一、垂直线

方法一：如图 2－18(a)所示，以 $O$ 为圆心，取任意长 $r$ 为半径画圆弧与直线 $AB$ 相交于 $D$、$E$ 点，再分别以 $D$、$E$ 点为圆心，任意长 $R$ 为半径画圆弧交于 $F$ 点；连接 $O$、$F$ 点，则$FO \perp AB$。

方法二：如图 2－18(b)所示，以 $O$ 点为圆心，取任意长 $R$ 为半径画圆弧与直线 $OM$ 相交于点 $A$；再以 $A$ 为圆心，以相同的半径画圆弧，交之前的圆弧于点 $B$；连接 $A$、$B$ 点并延长，以 $B$ 点为圆心，以相同的半径画圆弧，交 $AB$ 延长线于点 $C$；连接 $O$、$C$ 点，则 $OC \perp AO$。

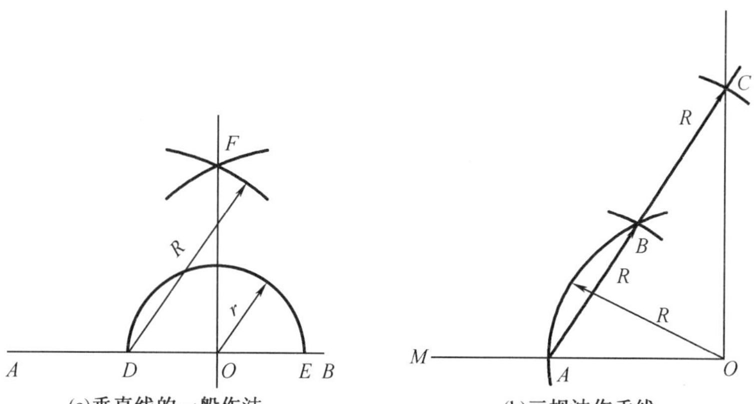


(a)垂直线的一般作法　　(b)三规法作垂线

**图 2－18　垂直线画法**

## 二、平行线

若要画一直线与已知直线平行，则先在已知直线 $AB$ 上任意取两点 $a$ 和 $b$ 作圆心（这两点应有一定的距离)，以所要求的两线距离为半径画圆弧；再作一直线同时与两圆弧相切，那么此直线 CD 就为所求的已知直线 AB 的平行线，如图 2－19 所示。

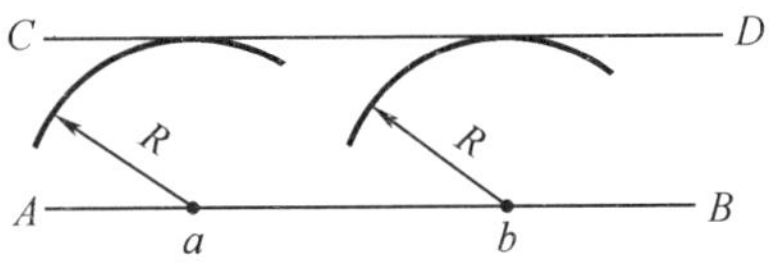


图 2－19　平行线画法

## 三、角的等分

1. 二等分任意角

以已知角的顶点 O 为圆心，适当长为半径画圆弧交于角两边 a、b 点；分别以 a、b 为圆心，适当长为半径画圆弧相交于 C 点；连接 O、C 点，则 OC 就是已知角的等分线，如图 2－20 所示。

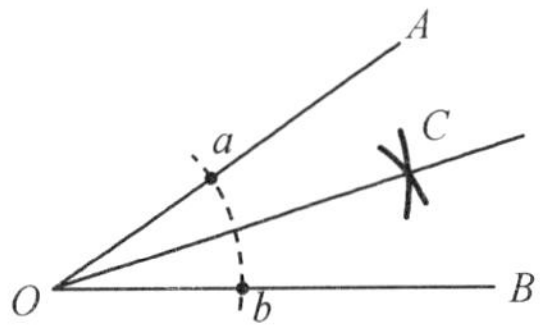


图 2－20　二等分任意角

2. 三等分直角

以直角顶点 O 为圆心，适当长为半径画圆弧，与两直角边相交于 a、b 两点；再用上述同样半径分别以 a、b 点为圆心画圆弧交 $\overset{\frown}{ab}$ 于 C、D 点，连接 O、C 点和 O、D 点，则 OC、OD 即为所求角的三等分线，如图 2－21 所示。

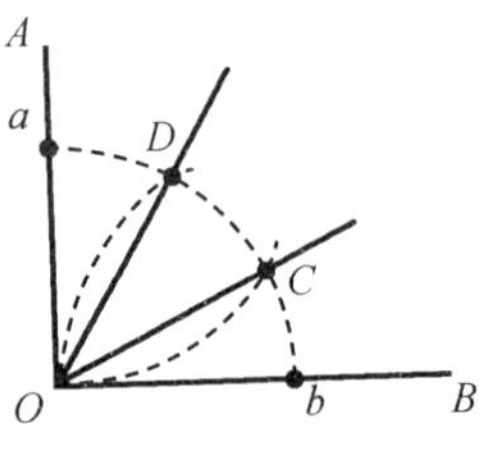


图 2－21　三等分直角

## 四、切线的圆弧(已知半径)画法

1. 已知半径为 $R$ 的圆弧相切于两条直线(图 2－22)

(1)以已知半径 $R$ 为距离作已知直线 $AB$ 的平行线 $A'B'$；

(2)再以已知半径 $R$ 为距离作已知直线 $CD$ 的平行线 $C'D'$；

(3)以直线 $A'B'$、$C'D'$的交点 $O$ 为圆心，以 $R$ 为半径作圆弧，则此圆弧即相切于两条直线 $AB$、$CD$。

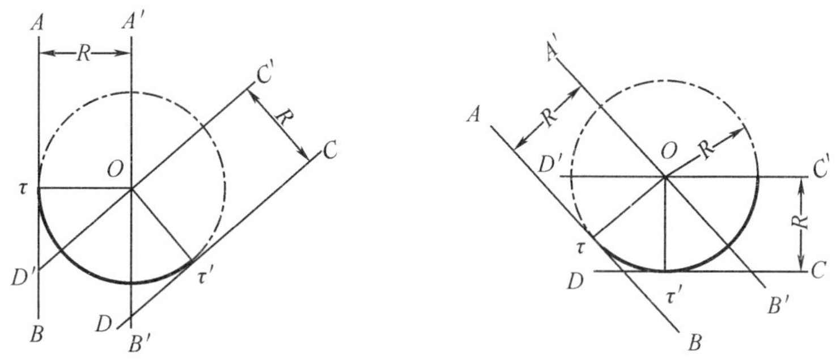


**图 2－22　两直线与已知半径圆弧相切**

2. 已知半径 $R$ 的圆弧与直角边 $AB$、$BC$ 相切(图 2－23)

(1)以 $B$ 点为圆心，$R$ 为半径作短弧，相交于直角边 $AB$、$BC$ 于 $\tau$、$\tau'$两点；

(2)以 $\tau$、$\tau'$点为圆心，$R$ 为半径作圆弧交于 $O$ 点；

(3)以 $O$ 点为圆心，$R$ 为半径画圆弧，即与直角边相切。

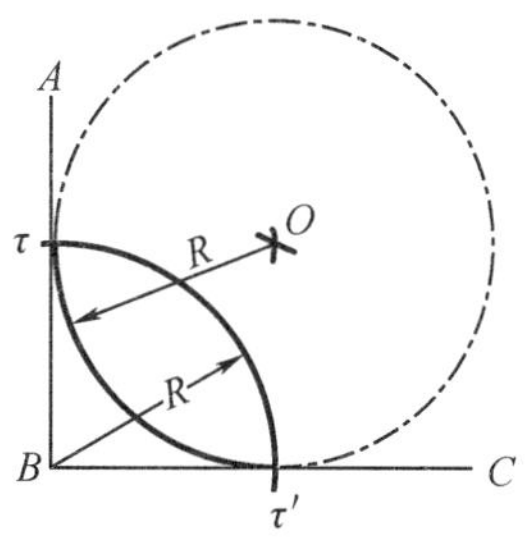


**图 2－23　直角与已知半径圆弧相切**

3. 以已知半径 $R$ 作圆弧相切于两圆 $R_1$、$R_2$(图 2－24)

(1)以圆 $R_1$ 的圆心 $O_1$ 为圆心，$R+R_1$ 为半径作弧；

(2)以圆 $R_2$ 的圆心 $O_2$ 为圆心，$R+R_2$ 为半径作弧且与上弧相交于 $O$ 点；

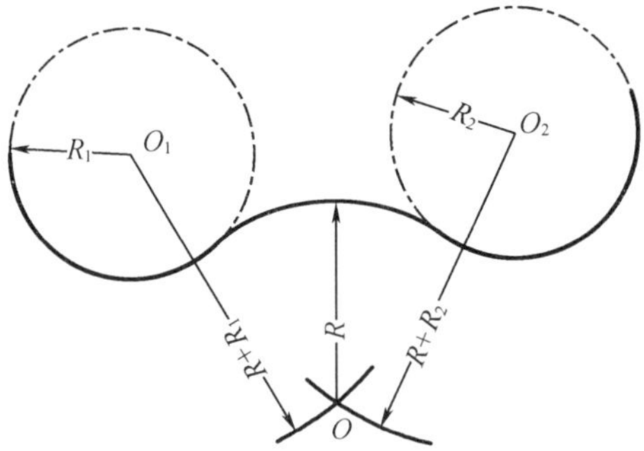


图 2-24 圆弧相切

(3)以 $O$ 点为圆心,$R$ 为半径画圆弧,即为所求相切圆弧。

## 五、求圆心

1. 几何作图法求圆心

在圆周上任意取三点 $A$、$B$、$C$,分别作 $AB$、$BC$ 的垂直平分线并相交于 $O$ 点,$O$ 点便为所求圆心(图 2-25)。

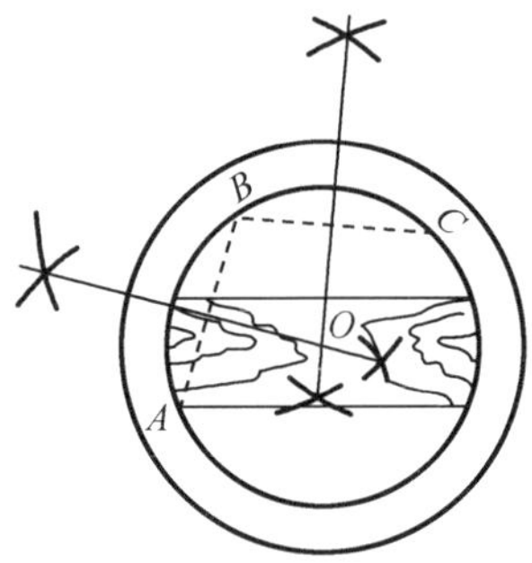


图 2-25 几何作图法求圆心

2. 画规法(又称#字法)求圆心

将画规两脚分开约为半径的开度,分别以圆周上近似对称的四个点为圆心画出四条相交短弧,那么弧的四个交点的对角线的交点即为所求圆的圆心(图 2-26)。

3. 用画针盘求圆心

把工件放在 V 形铁上,将画针的高度调到大约为圆的中心位置上画一直线,把工件转 180°再画一直线(画针高度不变)。若两线重合即为中心线,若两线不重合则可通过调整画针盘的高度重画两线,直至两线重合为止,即求出中心线。然后在画针高度不变的情况下只要将工件转动一个角度,再画一条线并与先画出的中心线相交于一点,那么相交点即为圆的中心(图 2－27)。

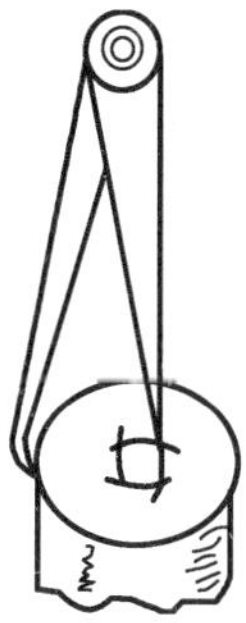

图 2－26 画规法求圆心

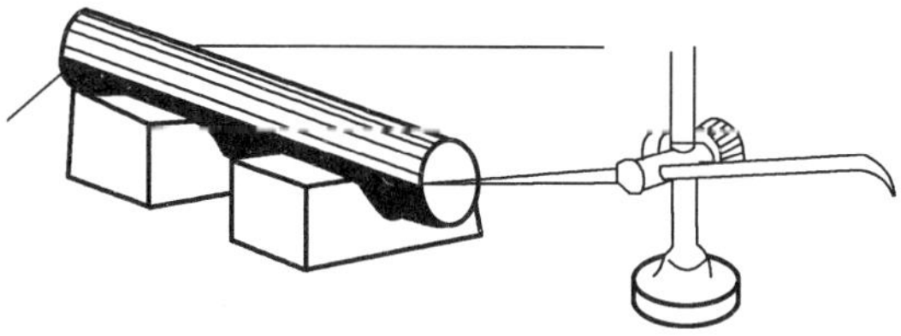

图 2－27 用画针盘求圆心

## 六、等分圆周

等分圆周的方法有几何作图法和查表求弦长法两种,下面仅介绍几何作图法。

1. 三等分圆周画法

作圆直径 $AB$,以 $A$ 为圆心,圆半径 $r$ 为半径画圆弧交圆周于 $C$、$D$ 点,那么 $D$、$B$、$C$ 三点即为圆的三等分点,如图 2－28(a)所示。

2. 四等分圆周画法

通过圆心的垂直中心线与圆周相交的四个点即为圆的四等分点,如图 2－28(b)所示。

3. 五等分圆周画法

先画出两条互为垂直的圆中心线并与圆相交于 $A$、$B$、$C$、$D$ 点,以 $B$ 为圆心,以圆半径为半径画圆弧交圆周于 $K$、$L$ 点;连接 $K$、$L$ 交 $AB$ 于 $E$ 点;以 $E$ 为圆心,$CE$ 为半径作圆弧交 $AB$ 于 $F$ 点;以 $C$ 为圆心,$CF$ 为半径等分圆周于 $G$、$I$、$J$、$H$、$C$;那么上述圆周上的五个点即为圆的五等分点,如图 2－28(c)所示。

4. 六等分圆周画法

与三等分圆周相似,即以圆的半径为等分线段,如图 2－28(d)所示,这里不再赘述。

5. 任意等分圆画法

作直线 $AB$,分别以 $A$、$B$ 点为圆心,$AB$ 长为半径作圆弧交于 $C$、$D$ 两点;再根据所需圆的等分数来等分线段 $AB$ 并定出分段点 1,2,3,4,…;分别自 $C$、$D$ 两点与直线 $AB$ 上的分段点的奇数或偶数相连并延长与圆周相交,则交点 $I$、$J$、$K$、$L$、$H$、$G$、$F$、$E$ 就是圆周上的等分点,如图 2－28(e)所示。

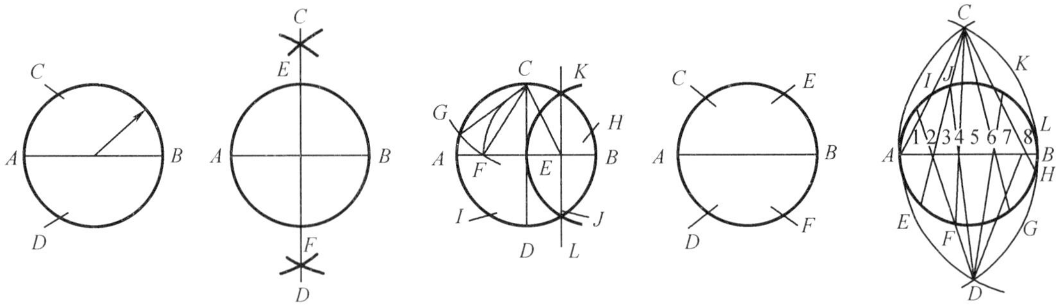

(a)三等分圆周　(b)四等分圆周　(c)五等分圆周　(d)六等分圆周　(e)任意等分圆周

**图 2-28　等分圆周画法**

# 任务三　画线操作举例

## 一、平面画线操作实例

平面画线的一般步骤如下:

(1)对照工件实物看清、看懂图样,详细了解工件上需要画线的部位;明确工件及其与画线有关部分在产品上的作用和要求;了解有关的后续加工工艺。

(2)选定画线基准。

(3)初步检查工件的误差情况,并对工件表面进行涂色。

(4)正确安放工件和选用画线工具。

(5)画线。

(6)详细对照图样,检查画线的准确性,以及是否有遗漏的地方。

(7)在画线线条上打样冲眼。

**【实例 2.1】**　法兰盘画线

图 2-29 所示为一个法兰盘,表面已经车光,要在它上面画四个螺孔和一个中心大孔。这些孔的位置实际上都是根据垂直中心线而定的,所以画线的基准就是这两条相互垂直的中心线。为了求得准确的中心,通常用硬木牢固地装入孔中,并在近似中心处钉上菱形铁皮,以便用画规法找出圆心和便于用画规画线;当画出互为垂直的中心线后再根据图纸要求画出其他的加工线。

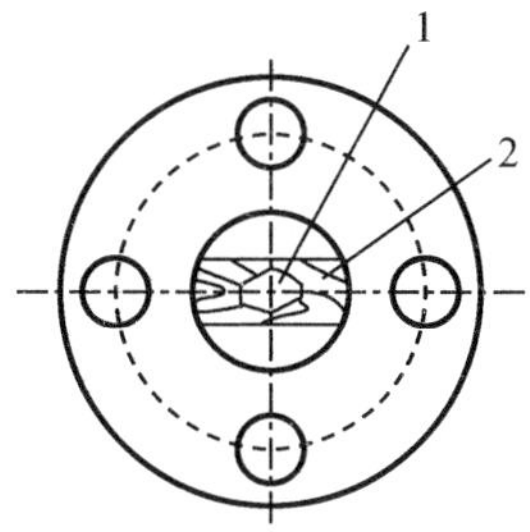


1—菱形铁皮;2—木块。

**图 2－29　法兰盘画线**

**【实例 2.2】**　工件图样如图 2－30 所示。

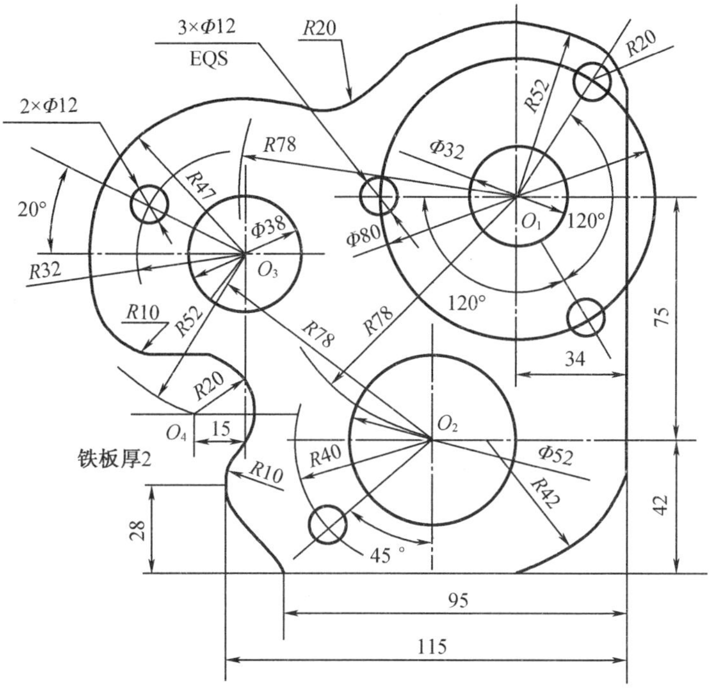


**图 2－30　平面画线工件(单位:mm)**

(1)根据图样各尺寸之间的关系,确定以底边和右侧面这两条相互垂直的线为画线基准,沿板料边缘画两条垂直基准线。

(2)画距底边尺寸为 42 mm 的水平线。

(3)画距底边尺寸为(42＋75)mm 的水平线。

(4)画距右侧面尺寸为 34 mm 的垂直线。

(5)以 $O_1$ 点为圆心,78 mm 为半径画弧,并截 42 mm 水平线得 $O_2$ 点,通过 $O_2$ 点作垂直线。

(6)分别以 $O_1$、$O_2$ 点为圆心,以 78 mm 为半径画弧相交得 $O_3$ 点,通过 $O_3$ 点作水平线和垂直线。

(7)通过 $O_2$ 点作 45°线,并以 40 mm 为半径截得小圆 $\Phi$12 mm 的圆心。

(8)通过 $O_3$ 点作与水平成 20°角的直线,并以 32 mm 为半径截得另一小圆 $\Phi$12 mm 的圆心。

(9)画垂直线,与 $O_3$ 垂直线的距离为 15 mm,并以 $O_3$ 为圆心,52 mm 为半径画弧截得 $O_4$ 点。

(10)画距底边尺寸为 28 mm 的水平线。

(11)按尺寸 95 mm 和 115 mm 画出左下方的斜线。

(12)画出 $\Phi$32 mm、$\Phi$80 mm、$\Phi$52 mm 和 $\Phi$38 mm 的圆周线。

(13)把 $\Phi$80 mm 的圆周线三等分。

(14)画出五个 $\Phi$12 mm 的圆周线。

(15)以 $O_1$ 点为圆心,52 mm 为半径画圆弧,并以 20 mm 为半径作相切圆弧。

(16)以 $O_3$ 点为圆心,47 mm 为半径画圆弧,并以 20 mm 为半径作相切圆弧。

(17)以 $O_4$ 点为圆心,20 mm 为半径画圆弧,并以 10 mm 为半径作两处的相切圆弧。

(18)以 42 mm 为半径作右下方的相切圆弧。

至此全部线条画完。

在画线过程中,圆心确定后应立即打样冲眼,以便用画规画圆弧。水平线和垂直线的画法可根据实际情况选择。

## 二、立体画线操作实例

立体画线的一般原则如下:

(1)画线基准应与设计基准重合,以便直接量取画线尺寸,避免因尺寸换算过程复杂而增大画线误差。

(2)以精度高且加工余量小的型面作为画线基准,以保证主要型面能够顺利进行加工和便于安排其他型面的加工位置。

(3)当毛坯在尺寸、形状和位置上存在误差和缺陷,且难以用找正画线方法进行补救时,可将所选择的基准位置进行适当的调整(借料),使各待加工表面都有一定的加工余量,并使误差和缺陷在加工后能够得到排除。

**【实例 2.3】** 三路通画线

图 2-31 所示为管系中常见的三路通,毛坯为铸造件,它的基本画线过程是在平台上完

成的,现将画线的操作过程简述如下。

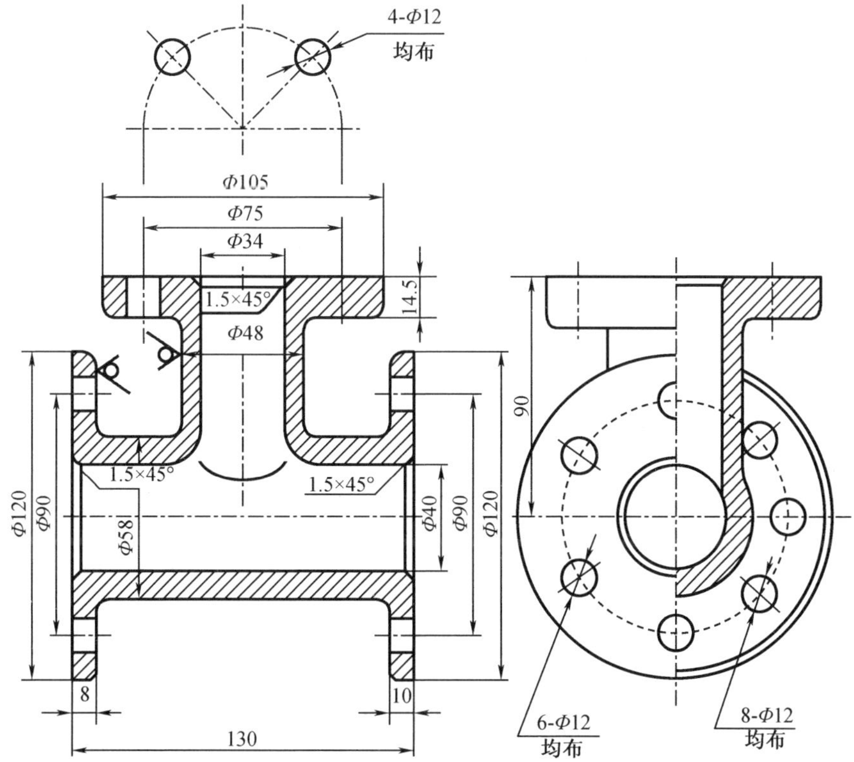


图 2 –31　三路通(单位:mm)

(1)做好画线前的各项准备工作。

(2)分析图纸、找出基准。它是以三个不需加工而又互相贯通的内孔中心,即空间位置互成 90°的三个中心平面为基准的。

(3)第一次支承:用三个千斤顶将三路通支承在平台上,通过画针盘校对和调节千斤顶的高度使三孔中心在同一水平面上,画出通过三孔中心的第一条中心线,如图 2 –32 和图 2 –33(a)所示。

(4)第二次支承:将三路通转换 90°位置(图 2 –33(b)),通过上述方法使三路通的两个对称端的孔中心点在同一水平面上,用 90°角尺校正,使已画出的第一条中心线与直角尺一边在与平台竖直方向上重合,然后画出通过两端孔中心点的第二条中心线(且与第一条中心线相垂直)。同时通过高度尺调节画针盘画出三路通一个端面水平方向的切削加工线。

(5)第三次支承:再将三路通转动 90°(图 2 –33(c)),用上述方法调整好千斤顶,使第一、第二两条中心线与角尺边重合,并通过端面的孔中心点画第三条中心线,同时画出三路通其余上下两端面的切削加工线。

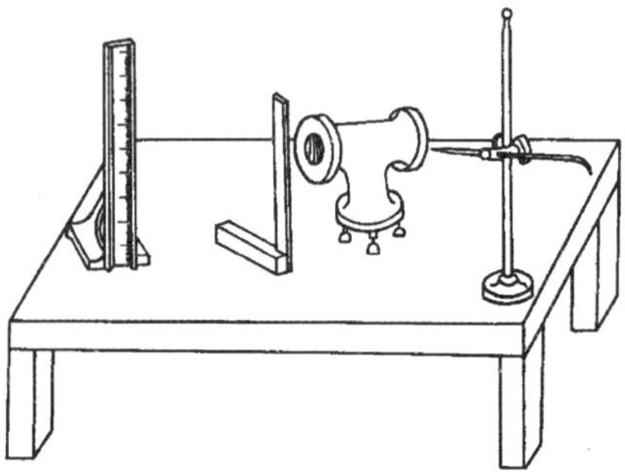

图 2-32　三路通画线示意图

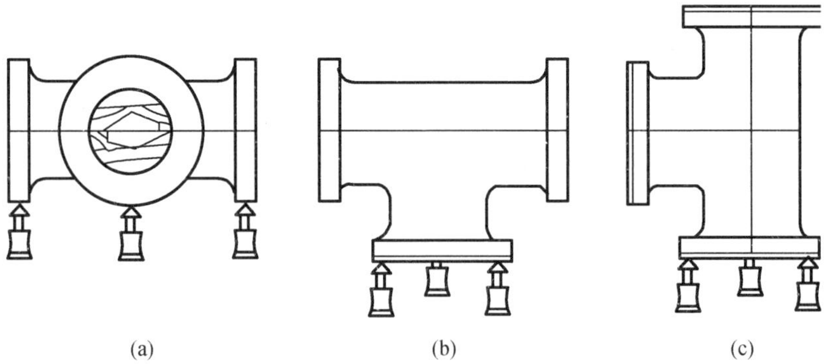

图 2-33　三路通画线过程图

(6)撤除千斤顶,按已画出的中心点和中心线,分别按平面画线的方法画出三个端面上孔的加工线。

(7)对照图纸,仔细检查画线的准确性,确定无误后打上样冲眼。

通过本课工艺理论的学习与操作实践,学生应能正确选择画线基准,掌握一般的平面画线和立体画线方法,熟练使用画线工具并掌握修磨保养的方法,同时应达到画线的准确性要求。

**【实例 2.4】**　轴承座画线

图 2-34(a)所示的轴承座需要加工的部位有底面、轴承座内孔、两个螺钉孔及其凸台面、两个大端面。需要画线的尺寸共有三个方向,工件需要安放三次才能画完全部线条。轴承座毛坯上已铸有 $\Phi$50 mm 的毛坯孔,需要先安装塞块并做好其他画线准备,如图 2-34(b)所示。

画线基准选定为轴承座内孔的两个互相垂直的中心平面Ⅰ—Ⅰ和Ⅱ—Ⅱ,以及过两个螺钉孔的中心平面Ⅲ—Ⅲ,如图 2-34(b)(c)(d)所示。

画线的参考步骤如下:

(1)画底面加工线,如图 2-34(b)所示,这一方向的画线工作将涉及主要部位的找正和借料。先确定 $\Phi$50 mm 轴承内孔和 $R$50 mm 外轮廓的中心。由于外轮廓是不加工的,所以应以 $\Phi$50 mm 外轮廓作为找正中心的依据。即先在装好中心塞块的孔的两端,用画规分别求出中心;然后用画规试画出 $\Phi$50 mm 圆周线,看内孔四周是否料厚均匀,如果内孔与外轮廓偏心过多,就要适当地借料。用三只千斤顶支承轴承座底面,调整千斤顶高度并用画针盘找正,使两端孔的中心初步调整到同一高度。由于 $A$ 面不加工,为了保证在底面加工后厚度尺寸在各处都比较均匀(20 mm),还要用画针盘的弯脚找平 $A$ 面。两端中心孔既要保持同一高度,$A$ 面又要处于水平位置,当二者发生矛盾时,就要兼顾两个方面并进行相应的调整。待两端中心孔位置确定后,就可以在孔中心打样冲眼,画出基准线 Ⅰ—Ⅰ 和底面加工线。两个螺钉孔凸台的加工线也应同时画出。

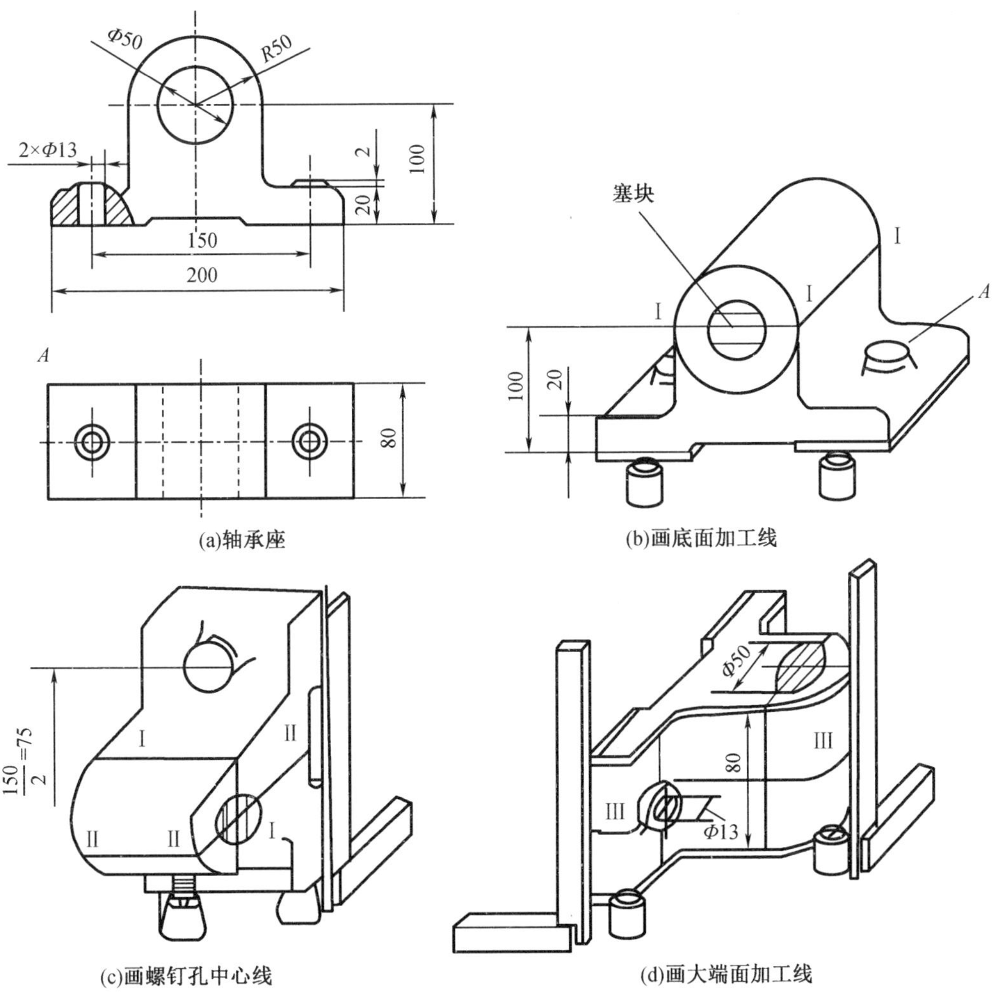

(a)轴承座　(b)画底面加工线　(c)画螺钉孔中心线　(d)画大端面加工线

**图 2－34　轴承座画线过程图(单位:mm)**

(2)画两螺钉孔中心线,如图 2-34(c)所示。将工件侧翻 90°,并用千斤顶支承,通过千斤顶的调整和画针盘的找正,使轴承座内孔两端中心处于同一高度,同时用 90°角尺按已画出的底面加工线找正到垂直位置,便可画出Ⅱ—Ⅱ基准线与两螺钉孔中心线。

(3)画出两个大端面的加工线,如图 2-34(d)所示。将工件翻转到图 2-34(d)所示位置,用千斤顶支承,通过千斤顶的调整和 90°角尺的找正,分别使底面加工线和Ⅱ—Ⅱ基准平面处于垂直位置。以两个螺钉孔的初定中心为依据,试画两大端面的加工线。若两端面加工余量相差较多,可通过调整螺钉孔中心来借料。调整满意后即可画出Ⅲ—Ⅲ基准线和两个大端面加工线。

(4)用画规画出轴承座内孔和两个螺钉孔的圆周尺寸线。

(5)对照图样进行检查,确认无误、无遗漏后,在所画线条上打样冲眼。

画线过程至此全部完成。

# 项目三　金属錾削

在进行船舶设备检修时，常会遇到錾削工作。如錾开固定管子的卡箍、錾开锈蚀的螺母、轴上开油槽、轴瓦上开油槽等。因此錾削工作是钳工必须熟练掌握的基本功。

用手锤敲击錾子对金属进行切削加工，这种操作叫作錾削。

## 任务一　錾削工具

### 一、錾子

1. 錾子的种类

錾子由碳素工具钢锻制而成，刃口部分经淬火处理。常用錾子有如图3－1所示的三种。

**图3－1　錾子的种类**

(1)扁錾：主要用来錾削平面，切断小尺寸的材料如扁钢、板料、螺栓等。

(2)尖錾：刃口狭窄，主要用于錾槽和分割曲线型板料的切断等。

(3)油槽錾：刃口小，呈圆弧形，用来錾削机械滑动面的油槽。

錾削的时候，錾子楔角大小要根据材料的性质而定：硬金属为60°～70°，结构钢为50°～60°，软金属为30°～50°。

2. 刀具的各种角度

錾子是刀具的一种，一切刀具之所以能对材料进行切削是因为具备了下列两大因素：

(1)刀具本身的材料比被切削材料硬。

(2)刀具的切削部分成楔形。

楔的形状对切削有很大影响，在用力相等的情况下，楔的分割能力是随着楔角($\beta$)的大小而变化的。

楔角的大小影响錾子的切入深度。楔角愈小，錾子就愈容易切入，而且切入深度愈深，但是楔的强度也就愈小，如图 3－2(a)所示。

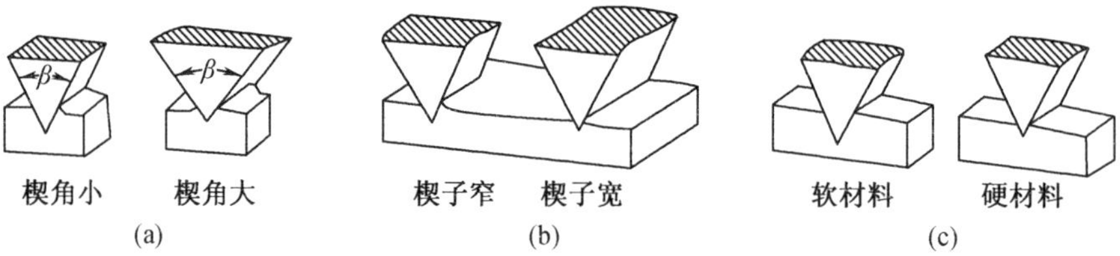


**图 3－2　錾子的工作情况**

楔角的宽度影响切入材料的深度。窄的楔角压入材料的深度比宽的深，如图 3－2(b)所示。

材料的硬度影响切入的深度。用同样的楔角，同样宽度的楔切入软材料要比切入硬材料深，如图 3－2(c)所示。

在实际工作中，錾子一般都是斜放在工件上进行切削的，切削加工中极为重要的各个表面和角度(图 3－3)有：

前倾面——切屑流出的面。

后隙面——对应切削平面的面。

切削角($\delta$)——前倾面和切削平面的夹角。

楔角($\beta$)——前倾面和后隙面间的夹角，其大小根据被切削材料的性质而定。

前角($\gamma$)——指前倾面和垂直于切削平面的平面间的夹角，其大小与切削过程中排屑是否方便有关。

后角($\alpha$)——后隙面和切削平面间的夹角，其作用是减少后隙面与切削平面间的摩擦。

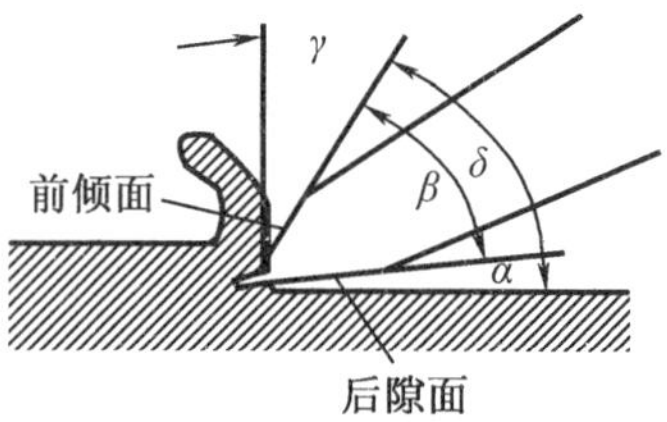


**图 3－3　錾削时的角度**

总体来说，在錾削过程中，切削角的大小直接影响切削质量和切削效率。切削角愈大，后角也愈大，前角就愈小，这样由于切削的压力过大，会使錾子压入材料太深，如图3－4(a)所示。当切削角小的时候，后角也小，前角就增大，这时由于切削的压力小，錾子的锋口容易从材料表面滑出，如图3－4(b)所示。一般錾子的后角为5°～8°。

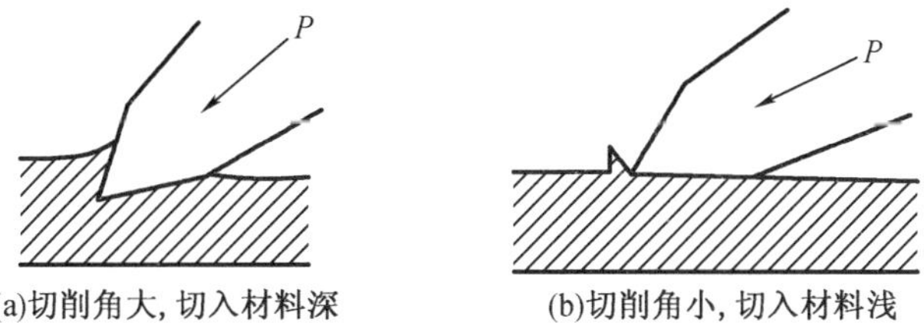


**图3－4　切削角的大小与切削工作的关系**

3. 錾子的热处理

錾子的热处理包括淬火和回火两个过程。其目的是保证錾子切削部分具有较高的硬度和刚性。

(1)淬火：将錾子的切削部分约20 mm长的一端，均匀加热至750～780 ℃(呈樱红色)后迅速取出，并垂直地把錾子放入冷水内冷却，切削部分浸入水内冷却的深度为5～6 mm(图3－5)。錾子放入水中冷却时，应沿着水面缓慢地移动，其目的是快速并均匀冷却，提高淬火硬度，使淬硬部分与未淬火部分不致有明显的界线。

**图3－5　錾子淬火**

(2)回火：錾子的回火是利用本身的余热进行的。当錾子在水中冷却时，要注意仔细观察錾子露出水面部分颜色的变化，当呈黑色时，立即将錾子从水中取出，快速用旧砂轮片除去切削部分的氧化皮，并注意观察錾子刃口部分颜色的变化。如果经淬火的錾子是加工硬材料，则刃口部分呈红黄色时立即将錾子全部放入水中冷却至常温。如果经淬火的錾子是加工较软材料，则刃口部分呈暗蓝色与紫红色之间时立即将錾子全部放入水中冷却至常温。

4. 錾子的刃磨

錾子楔角刃磨的方法如图3－6所示。双手握錾，左手拿錾子尾部，右手握錾子前部，轻贴砂轮。刃磨时，必须使切削刃口高于砂轮水平中心线，在砂轮全宽上做左右水平移动，并控制好錾子的刃磨部位，保证磨出所需要的楔角角度。刃磨时加在錾子上的压力不宜过大，左右移动要平稳，用力均匀，并注意经常沾水冷却，以防刃口部分产生高温而退火失去一定的硬度。刃磨好的錾子刃口应平直，锋口两面须相交成一直线，且该直线在錾子的中心线上。

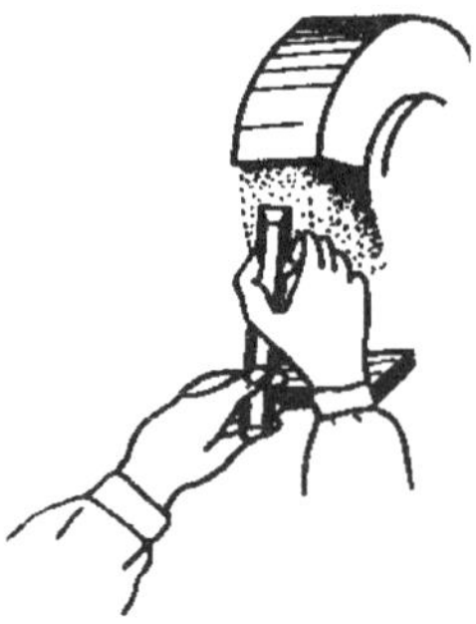

**图3－6 錾子刃磨**

錾子刃磨的安全注意事项：

(1)刃磨錾子时操作者应站在砂轮的斜侧方，不要正对砂轮。

(2)磨錾工作中为避免飞溅的铁屑伤害眼睛，刃磨时应戴好防护眼镜。

(3)检查砂轮搁架与砂轮间的距离，一般相距3 mm为宜，距离不可太大，搁架应安装牢固。

(4)开动砂轮机后首先检查其旋转方向是否正确，并且等到转速稳定后方可使用。

(5)刃磨时对砂轮施加压力不可太大，如砂轮表面有严重跳动时应及时检修(可用砂轮割刀修磨)。

(6)不可戴手套或用棉纱包住錾子进行刃磨，以防发生伤害事故。

## 二、手锤(榔头)

錾削工作是借手锤的锤击力而使錾子切入金属的，因此手锤就成为錾削工作中不可缺少的一种工具。手锤由碳素工具钢制成并经淬火处理，质量一般为0.75 kg，柄长350 mm左右。

钳工常用的手锤有圆头和方头两种(图3－7)。圆头手锤多用于錾削，方头手锤多用于打样冲眼。

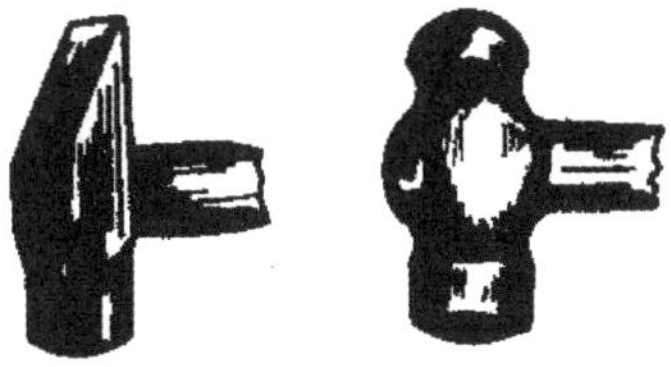

(a)方头　　(b)圆头

**图 3-7　钳工常用手锤**

无论哪一种形式的手锤，嵌锤柄的孔都是椭圆形的，而且孔的两端比中间部分略大，这样有利于装紧。锤柄装入后为了避免锤头甩出伤人，必须用斜形的楔子打入（图 3-8），加以紧固，打入的深度应为锤孔深的 2/3。

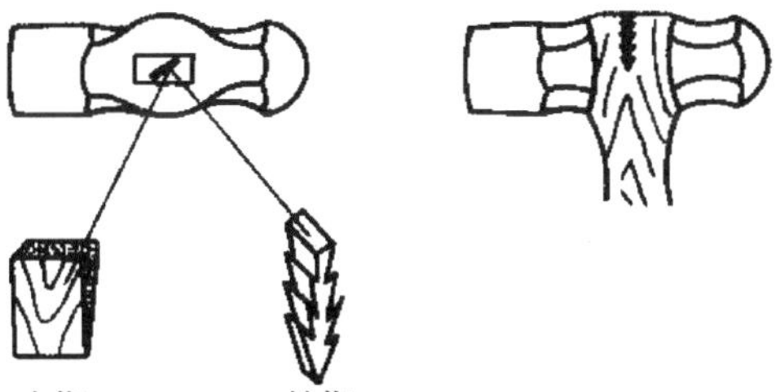


**图 3-8　楔的安装**

# 任务二　錾削操作

## 一、錾子的握法

1. 正握法

正握法左手心向下，腕部伸直，用中指、无名指握住錾子，小指自然合拢，食指和大拇指自然放松伸直。錾子头部伸出约 20 mm，如图 3-9（a）所示。

2. 反握法

反握法左手心向上，手指自然握住錾子，手掌悬空，如图 3-9（b）所示。在维修工作中遇到有些环境不允许用正握法时，采用反握法可给工作带来便利。

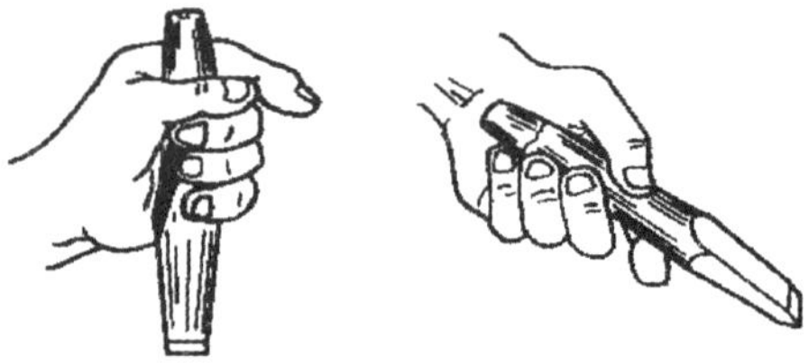


图 3-9　錾子握法

## 二、站立姿势

操作时工作者的站立位置如图 3-10 所示，身体与虎钳中心线大约成 45°，且略前倾，左脚跨前半步，膝盖稍有弯曲，保持自然。右脚站稳伸直，不要过于用力，总之应自然和有利于操作。

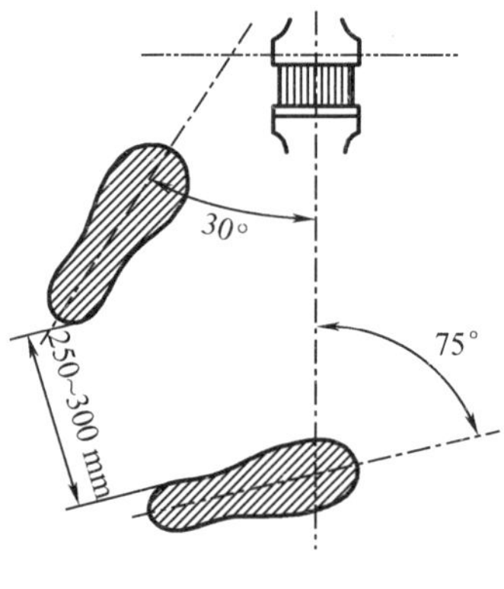


图 3-10　錾削时的站立位置

## 三、手锤的握法

1. 紧握法

紧握法用右手五指握锤柄，大拇指合在食指上，虎口对准锤头方向，木柄尾部露出 15 ~ 30 mm（图 3-11(a)）。挥锤和锤击时五指始终紧握。这种握法在工作中易使操作者疲劳，所以应用不广泛。

2. 松握法

松握法只用大拇指和食指握锤柄，在挥锤时，小指、无名指、中指则随榔头的运行而依次放松；锤击时，又以相反的次序依次收拢，并加速手锤的运动。熟练掌握这种握法后不仅可以增加锤击力，而且操作者不宜产生疲劳，所以被广泛应用（图 3-11(b)）。

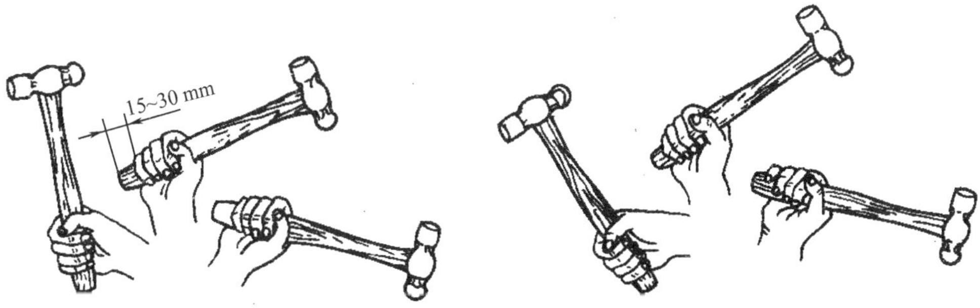


(a)紧握法　　(b)松握法

**图 3－11　手锤握法**

## 四、挥锤法

1. 腕挥法

腕挥法只有手腕运动，锤击力小，仅用于錾削开始和收尾及錾油槽、錾削软金属等。

2. 肘挥法

肘挥法手腕和肘一起动作，锤击力较大，适用范围最广。

3. 臂挥法

臂挥法即腕、肘、臂一起动作，锤击力最大，用于錾断金属材料和开脱螺母等，但应用较少。

三种挥锤法如图 3－12 所示。

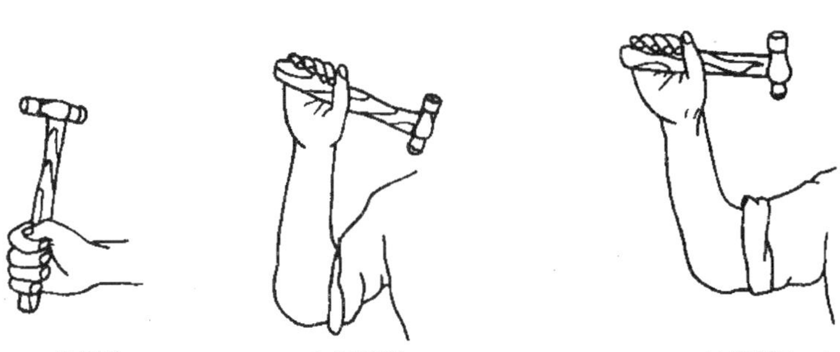

(a)腕挥法　　(b)肘挥法　　(c)臂挥法

**图 3－12　挥锤法**

挥锤时肘收臂提，举锤过肩；手腕后弓，三指微松；锤面朝天、稍停瞬间。

锤击时目视錾刃，臂肘齐下；收紧三指，手腕加劲；锤錾一线，锤走弧形；左脚着力，右腿绷紧，如图 3－13 所示。

要求：稳——速度节奏每分钟锤击 40 次左右；准——命中率高；狠——锤击有力。

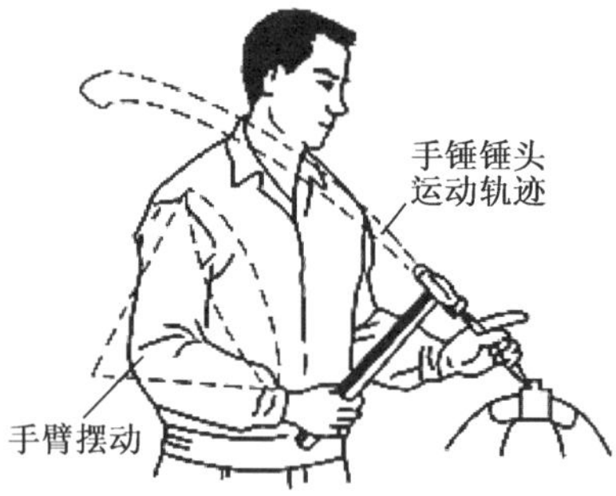


图 3－13　錾削姿势

## 五、起錾方法

錾削时起錾方法有斜角起錾和正面起錾两种(图 3－14)。在錾削平面时,应采用斜角起錾的方法,即先在工件尖缘角处,将錾子放成负角,如图 3－14(a)所示。錾出一个斜面,然后按正常的錾削角度逐渐向中间錾削。在錾槽时,则必须采用正面起錾,即起錾时全部刃口贴住工件錾削部位的端面,如图 3－14(b)所示。錾出一个斜面,然后按正常角度錾削,这样起錾可避免錾子弹跳和打滑,且便于掌握加工余量。

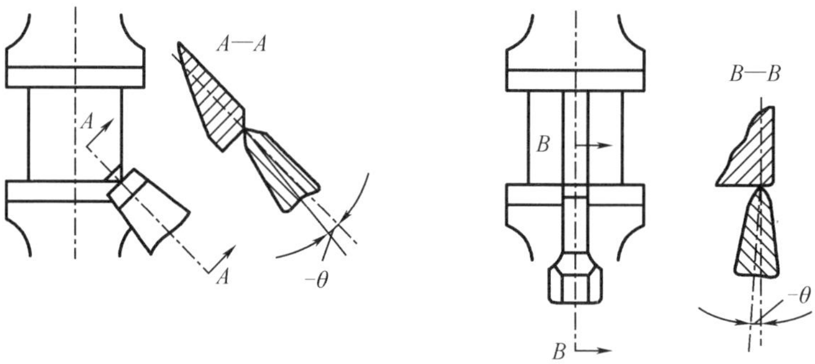


(a)斜角起錾　(b)正面起錾

图 3－14　起錾方法

## 六、尽头部位的錾法

在一般情况下,当錾削接近尽头 10～15 mm 时,必须掉头錾去余下的部分,如图 3－15(a)所示。当錾削脆性材料,如铸铁和青铜时应特别注意,否则錾到尽头就会崩裂,如图 3－15(b)所示。

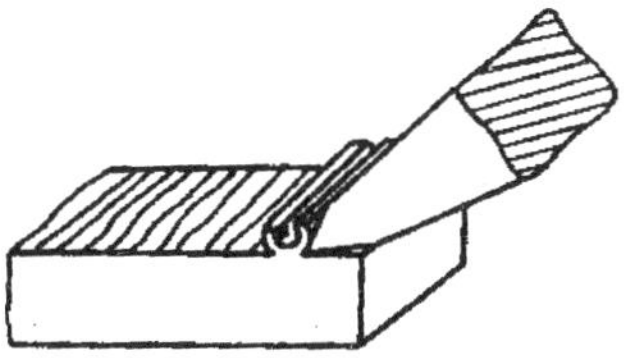

(a)正确

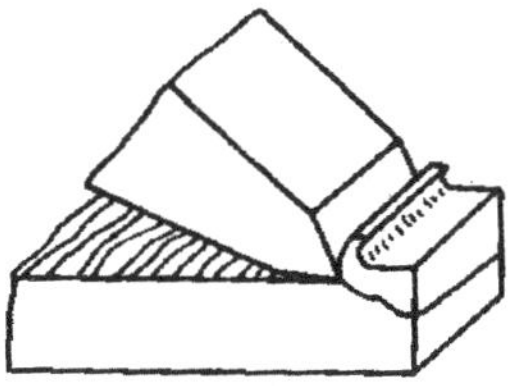

(b)不正确

图 3－15　尽头部位的錾削

## 七、錾削时的安全注意事项

(1)錾削时应戴防护眼镜,工作台应有护网。

(2)锤头松动或柄有裂纹时不能使用,以免锤头松动飞出伤人。另外,握锤的手不应戴手套。

(3)錾子尾部被敲击后出现毛刺和卷边时要及时修磨,以免毛刺伤手。

(4)錾削时要保持正确的錾切角度,如后角太小,用手锤锤击时,容易打滑伤手。

(5)錾削时錾子和手锤不要对着旁人,以防铁屑飞出伤害他人。

(6)锤柄严防沾有油污,否则手锤容易飞出伤人。

## 八、錾削废品产生原因和防止方法

(1)工件变形,这主要是由于錾子刃口过厚,将工件挤压变形;未用软钳口而把工件夹伤或在铁砧上錾切较大工件时未垫平;工作时不小心錾过了尺寸界线。

(2)工件表面留下粗糙錾痕,使下道工序无法除去,这是由于錾削时后角掌握不当(或大或小)或使用刃口损坏的錾子所造成;另外锤击力不均匀及使用刃口不锋利的錾子也易使工件表面粗糙不平。

(3)工件棱角和边崩缺是工件损伤的主要表现,因此脆性材料錾削时一定要从边向中间錾,特别是錾到尽头处应掉头錾。

# 任务三　錾削实例

## 一、各种类型材料的錾削

1. 薄板料的切断

薄板料的切断可以在虎钳上进行,用扁錾沿着钳口并斜对着板料(大约成45°角),自右向左錾切(图 3－16)。

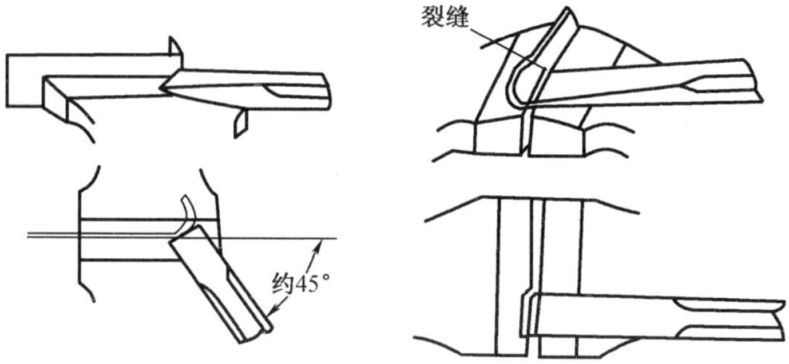


**图 3－16　薄板料的切断**

2. 较厚材料的切断

錾切较厚材料时，可先在材料各面錾出一凹痕，然后再打断，这样又省力又省时(图 3－17)。

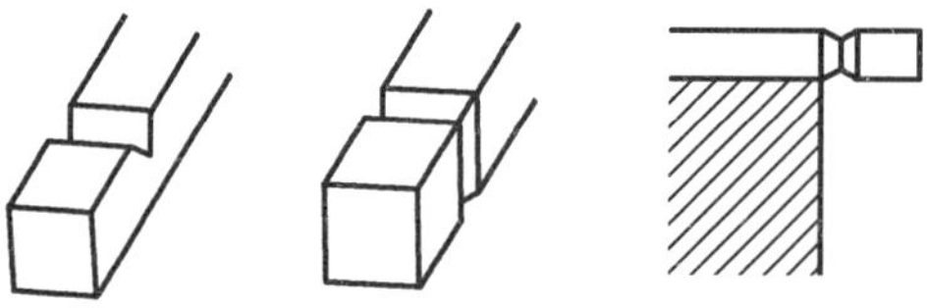

**图 3－16　较厚材料的切断**

3. 大型板料的切断

材料厚度在 4 mm 以下的大型板料切断时，不能在虎钳上进行，可以在铁砧或旧平板上进行(图 3－18)。工作时应用软材料垫在下面，然后从上面用錾子进行錾切。

**图 3－18　大型板料的切断**

4. 较大平面的錾削

对于较大平面，一般先用尖錾开槽，把宽面分成若干个窄面，然后再用扁錾将窄面錾去

（图 3－19），这样錾削时省力且效率高。

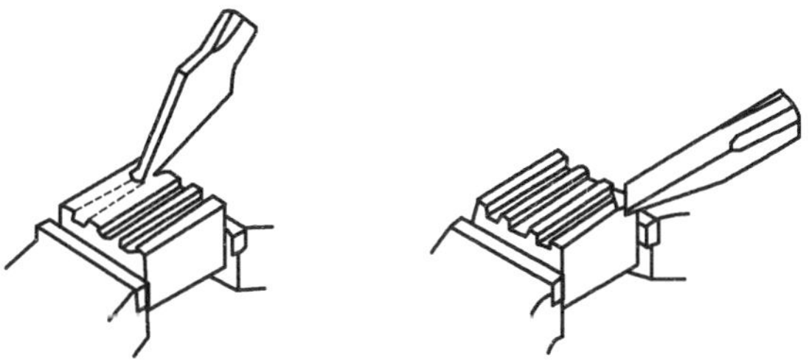


图 3－19　较大平面的錾削

## 二、键槽的錾削方法

錾削键槽时，先画出加工线，再在槽的一端或两端钻上与键槽深度相同的孔，并将尖錾切削部分磨成与键槽宽度相适应的尺寸，然后进行錾削（图 3－20）。

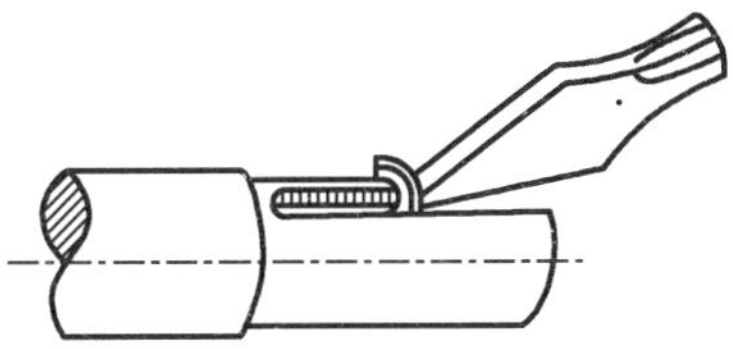

图 3－20　键槽的錾削

## 三、油槽的錾削方法

錾削油槽时，先在滑动平面或轴瓦上画出油槽线，錾削时錾切的方向要随着曲面、圆弧而变动，但是切削角度不变，这样才能得到深浅一致的油槽。錾好后，槽边上的毛刺要用刮刀或砂布修除（图 3－21）。

图 3－21　油槽的錾削

# 项目四　锯　　割

用手锯把材料(或工件)锯出狭槽或进行分割的工作称为锯割。

当前,各种自动化、机械化的切割设备已被广泛地采用,但在单件小批量生产场合,尤其在船舶机械检修中,往往对于诸如薄钢板、管子和尺寸不大的型钢等不能或不便于机械锯割的材料,仍采用手工锯割。

锯割工作范围包括:

(1)分割各种材料或半成品(图4-1(a));

(2)锯掉工件上多余部分(图4-1(b));

(3)在工件上锯槽(图4-1(c))。

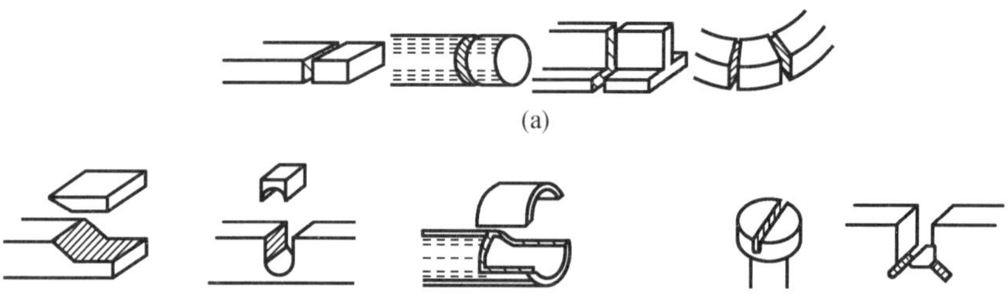

(a)　(b)　(c)

图4-1　锯割的应用

## 任务一　锯割工具

### 一、锯弓

锯弓是用来安装锯条的,有可调节式和固定式两种(图4-2)。固定式锯弓只能安装一种长度的锯条;可调节式锯弓则通过调整可以安装几种长度的锯条。这种锯弓两端各有一个夹头,用以安装锯条,通过旋紧翼形螺母(元宝螺母)来调节锯条安装的松紧度。

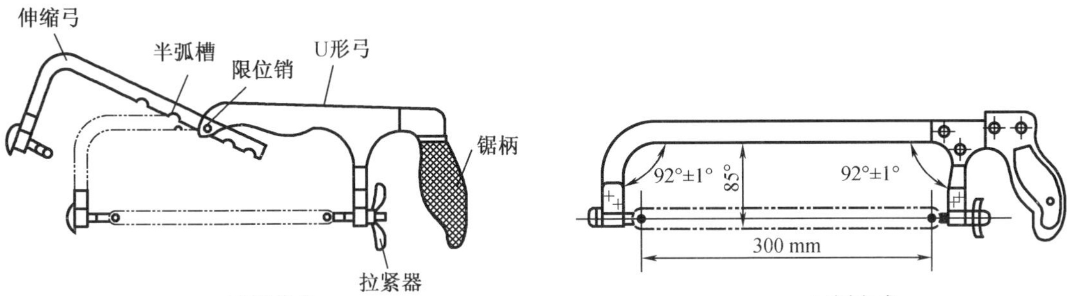


(a)可调节式　　(b)固定式

**图4－2　锯弓的构造**

## 二、锯条

锯条一般用渗碳软钢冷轧而成，也有用碳素工具钢或合金钢制成的，并经热处理淬硬。锯条的长度是以两端安装孔的中心距来表示的，手工锯条常用的长度是300 mm。

1. 锯齿的角度

锯条的切削部分是由很多锯齿组成的，相当于一排同样形状的凿子（图4－3）。由于锯割时要求获得较高的工作效率，必须使切削部分具有足够的容屑槽，因此锯齿的后角较大。为了保证锯齿具有一定的强度，楔角也不宜太小。综合以上因素，目前使用锯条的锯齿角度是后角 $\alpha$ 为40°，楔角 $\beta$ 为50°，前角 $\gamma$ 为90°。

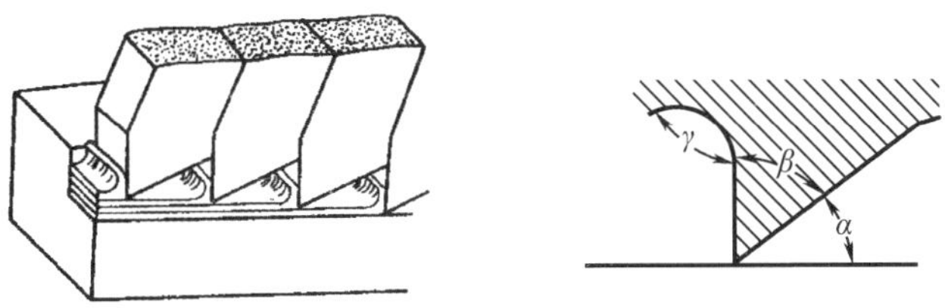


(a)　　(b)

**图4－3　锯齿的形状**

2. 锯齿的排列

锯条的许多锯齿在制造时按一定的规则左右错开，排成一定的形状，一般有交叉形和波浪形两种（图4－4）。锯割时锯缝宽度大于锯条背的厚度，这样锯割时锯条既不会被卡住，又能减少锯条与锯缝的摩擦阻力，工作就比较顺利，锯条也不致过热或加快磨损。

3. 锯齿粗细

锯齿的粗细是以锯条的齿距及每寸牙数来表示的。齿距1.8 mm或14～18牙为粗齿，齿距1.4 mm或24牙为中齿，齿距0.8～1.0 mm或32牙为细齿。

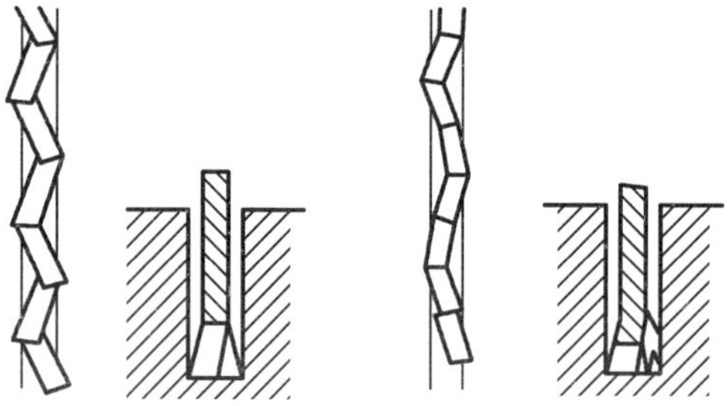


图 4－4　锯齿的排列

粗齿锯条的容屑槽较大，适用于锯软材料和锯较大的表面，因为此时每锯一次的排屑较多，容屑槽大就不致产生堵塞而影响切削效率。

中齿锯条适用于锯割一般钢材及厚壁管子。

细齿锯条适用于锯割硬材料，因硬材料不易锯入，每锯一次的排屑较少，不会堵塞容屑槽，而锯齿增多后，可使每齿的锯削量减少，材料容易被切除，故推锯过程比较省力，锯齿也不易磨损。在锯割管子或薄板时必须用细齿锯条，否则锯齿很容易被钩住而崩断。严格而言，薄板（壁）材料的锯割截面上至少应有两齿以上同时参加锯割，才能避免锯齿被钩住或崩断。

# 任务二　锯割操作

## 一、锯条的安装

手锯是在向前推进时进行切削的，所以锯条安装时要保证锯齿的方向，如图 4－5(a)所示。如果装反了（图 4－5(b)），则锯齿前角为负值，切削很困难，不能正常锯割。

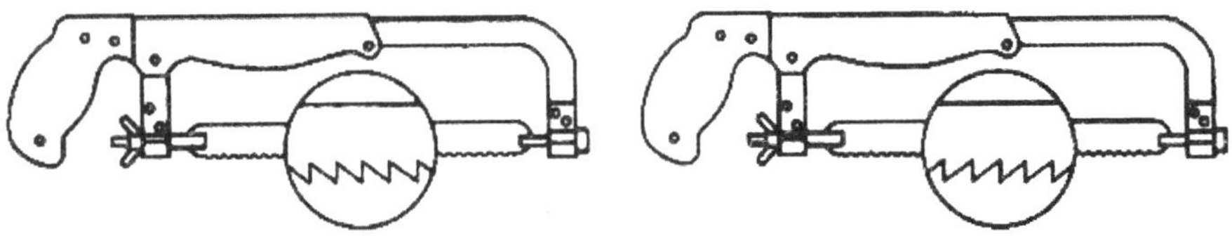


图 4－5　锯条的安装方向

锯条的松紧也要调节适当，过紧则锯条受力太大，在锯割中稍有阻力使锯条弯折时，锯条就很容易崩断;过松则锯割时锯条容易扭曲,也很可能折断,而且锯出的锯缝容易发生歪斜。装好的锯条应尽量使其与锯弓保持在同一中心平面内,这样对阻止锯缝的歪斜比较有利。

## 二、工件的夹持

夹持工件时应注意:

(1)工件伸出钳口不应过长,防止锯割时产生振动。锯割线应和钳口边缘平行,并夹在台虎钳的左边,以便操作。

(2)工件要夹紧,避免锯割时工件移动造成锯条折断。

(3)防止工件变形和夹坏已加工面。

## 三、锯割姿势和基本方法

锯割时的站立姿势:左脚在前,右脚在后,两脚距离约为锯弓之长,成 L 形。

锯弓的握法:右手推锯柄,左手大拇指扶在锯弓前面的弯头处,其他四指握住锯柄的下部。锯割时推力和压力均主要由右手控制。左手所加压力不要太大,主要起扶正锯弓的作用。如图 4 – 6 所示。

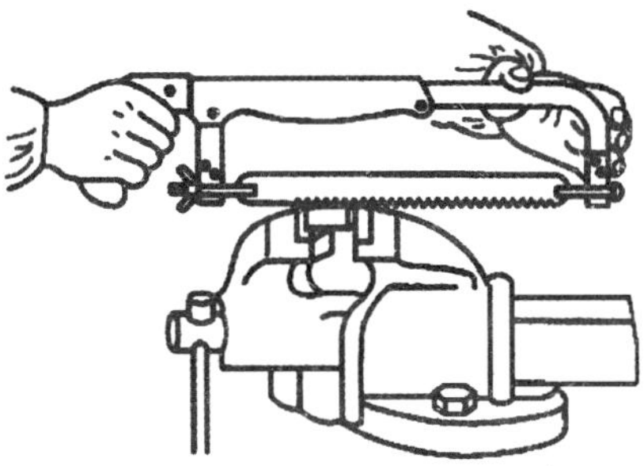

**图 4 – 6　锯割的姿势**

推锯时锯弓的运动方式有两种:一种是直线运动,适用于锯缝底面要求平直的槽子和薄壁工件的锯割;另一种为锯弓可上下摆动,这样可使操作自然,两手不易疲劳。手锯在回程中,不应施加压力,以免锯齿磨损。

锯割的速度以每分钟 30 ~ 40 次为宜。锯割软材料可以快些,锯割硬材料应该慢些。锯割速度过快,锯条发热严重,容易磨损。必要时可加水和乳化液冷却,以减轻锯条的磨损。

在推锯时应使锯条的全部长度都有效使用到。若只集中于局部长度使用,则锯条的使用寿命将缩短。一般往复长度应不小于锯条全长的 2/3。

起锯是锯割工作的开始。起锯质量好坏,直接影响锯割的质量。起锯有远起锯

(图 4－7(a))、近起锯(图 4－7(b))和平面起锯三种。一般情况下采用远起锯较好,因为此时锯齿逐步切入材料,锯齿不易卡住,起锯比较方便。如果采用近起锯,掌握不好操作要领时,锯齿容易被工件棱边卡住甚至崩断。

无论用远起锯或近起锯,起锯的角度要小($\alpha$ 不超过 15°为宜)。如果起锯角太大(图 4－7(c)),则起锯不平稳,尤其是近起锯时锯齿更容易被工件棱边卡住。但起锯角也不宜太小,如接近平锯时,由于锯齿与工件同时接触的齿数较多,不易切入材料,经过多次起锯后就容易发生偏离,使工件表面产生许多锯痕,影响表面质量。

为了起锯平稳和准确,也可用手指挡住锯条,使锯条保持在正确的位置上起锯(图 4－7(d))。起锯时施加的压力要小,往复行程要短,这样就容易准确起锯。

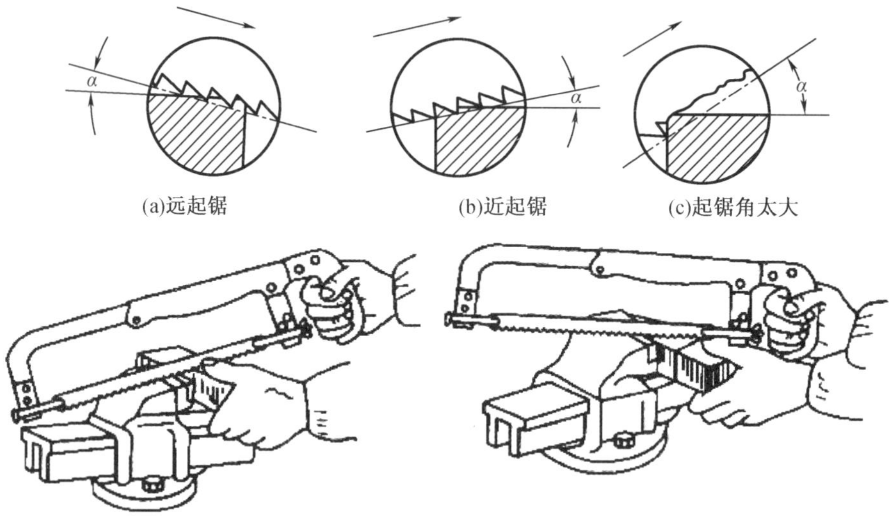


(a)远起锯　(b)近起锯　(c)起锯角太大

(d)用拇指挡住锯条的起锯

**图 4－7　起锯方法**

## 四、锯条损坏及锯割废品原因分析

锯条损坏有锯齿崩裂、锯条折断和锯齿过早磨损几种。

1. 锯齿崩裂原因

(1)锯薄板料和薄壁管子时没有选用细齿锯条。

(2)起锯角太大或采用近起锯时用力过大。

(3)锯割时突然加大压力,锯齿被工件棱边钩住崩裂。

当锯齿局部几个崩裂后,应及时将断裂处在砂轮机上磨光,并把后面二三齿磨斜(图 4－8)后再用来锯割,这样后面锯齿就不会连续崩裂,而延长锯条的使用寿命。

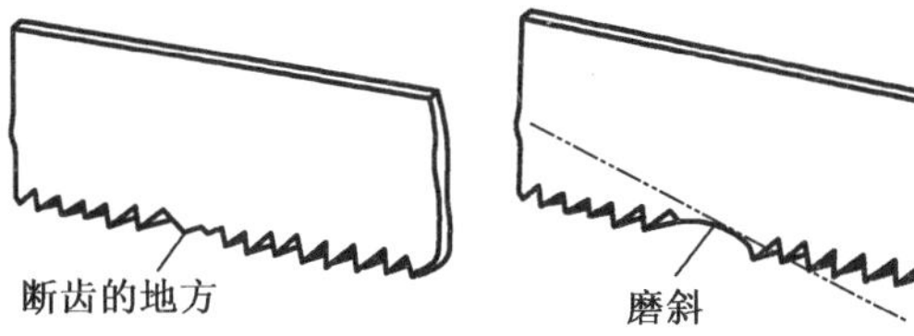


图 4－8　锯齿崩裂的处理

2. 锯条折断原因

(1)锯条安装过紧或过松。

(2)工件装夹不正确,产生抖动或松动。

(3)锯缝歪斜后强行校正,使锯条扭断。

(4)压力太大,当锯条在锯缝中稍有卡紧时就容易折断;锯割时突然用力也易折断。

(5)新换锯条在旧锯缝中被卡住而折断。一般应改换方向再锯割。在旧锯缝中锯割时应减慢速度和压力。

(6)工件锯断时没有掌握好,致使手锯碰撞台虎钳等物,导致锯条被折断。

3. 锯齿过早磨损原因

(1)锯割速度太快,使锯条发热过度而锯齿磨损加剧。

(2)锯割较硬材料时没有加冷却液。

4. 锯割废品原因分析

(1)尺寸锯小了。

(2)锯缝歪斜过多,超出要求范围。

(3)起锯时将工件表面锯坏。

## 五、锯割的安全技术

要防止锯条折断时从锯弓上弹出伤人,因此要特别注意工件快要锯断时压力要减小,锯条松紧装得要恰当,以及不要突然用过大的力量锯割等。要防止工件被锯下的部分跌落砸在脚上。

# 任务三　锯割实例

## 一、棒料的锯割

如果要求锯割的断面比较平整,应从开始连续锯到结束;若锯出的断面要求不高,锯时可改变几次方向，使棒料转过一定的角度再锯。这样，由于锯割面变小而容易锯入，可提高工作效率。

锯毛坯材料时，断面质量要求不高，为了节省锯割时间，可分几个方向锯割，每个方向都不锯到中心，然后将毛坯折断（图 4－9）。

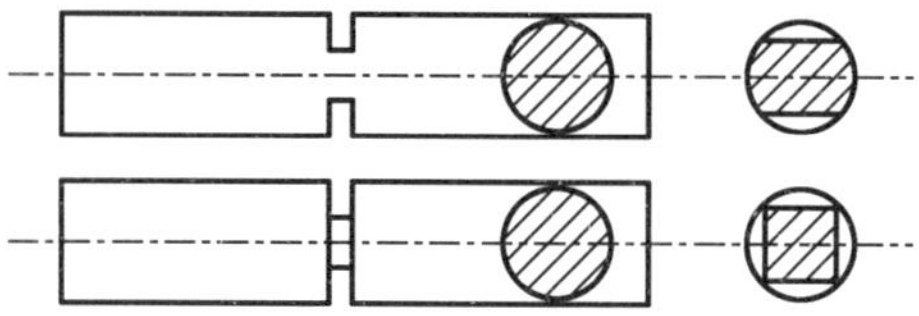

图 4－9　锯断棒料的方法

## 二、管子的锯割

锯割管子时，首先要正确夹持管子。对于薄壁管子和精加工的管件，应将其夹在有 V 形槽的木垫之间（图 4－10），以防止夹扁和夹坏表面。

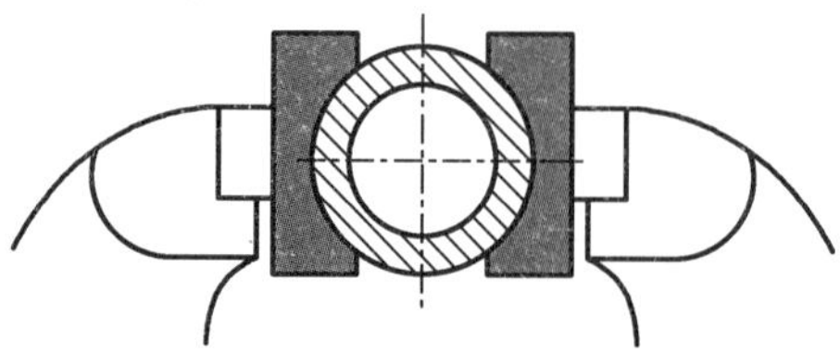

图 4－10　管子的夹持

锯割时一般不要在一个方向上从开始连续锯到结束，因为锯齿容易被管壁钩住而崩断。尤其是薄壁管子更容易崩断。正确的方法是每个方向只锯到管子的内壁处，然后把管子转过一个角度，继续锯到管子的内壁处。如此逐渐改变方向，直至锯断为止（图 4－11），薄壁管子在转变方向时，应使已锯的部分向锯条推进方向转动，否则锯齿仍有可能被管壁钩住。

## 三、薄板料的锯割

锯割薄板料时，尽可能从宽的面上锯下去，这样锯齿不易被钩住。当一定要在板料的狭面锯下去时，应把板料夹在两块木块之间，连木块一起锯下。这样才可避免锯齿被钩住，同时也增加了板料的刚度，锯割时不会弹动（图 4－12）。

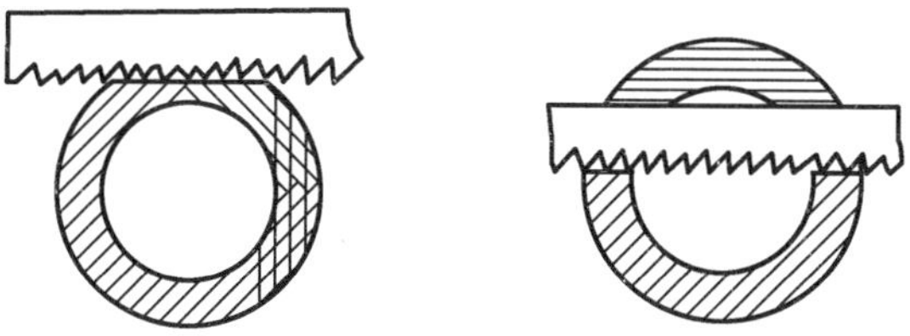

(a)正确　　(b)不正确

图 4－11　锯管子的方法

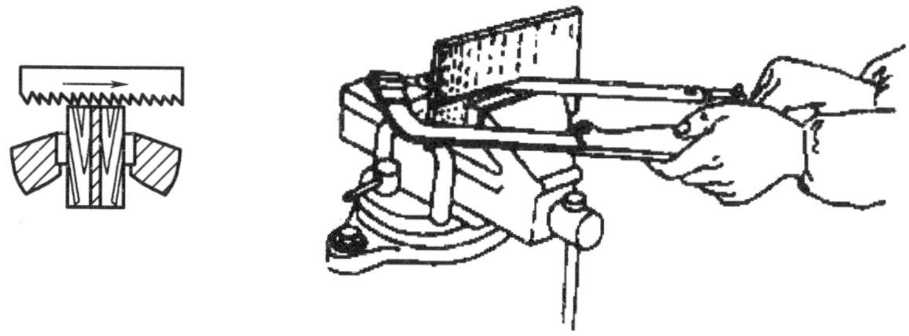

(a)　　(b)

图 4－12　锯薄板的方法

## 四、深缝的锯割

当锯缝的深度到达锯弓的高度时(图 4－13),为了防止锯弓与工件相碰,应把锯弓倒过来,再把锯条转过 180°安装后再锯。由于钳口的高度有限,工件应逐渐改变装夹位置,使锯割部位处于钳口附近,而不是在离钳口过高或过低的部位锯割。否则工件易产生弹动而影响锯割质量,同时也容易损坏锯条。

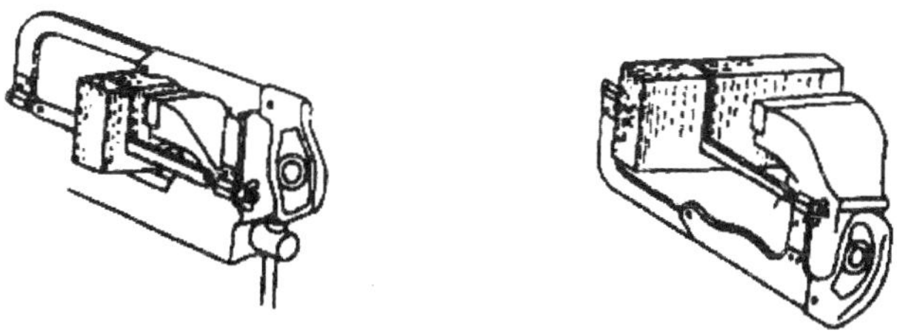

(a)　　(b)

图 4－13　深缝的锯法

# 项目五　锉　　削

用锉刀在工件表面锉掉多余部分，使工件达到所要求的尺寸、形状和表面粗糙度，这项操作叫锉削。

## 任务一　锉　　刀

### 一、锉刀的构造

锉刀是用高碳工具钢 T13 或 T12 制成的，并经过热处理，硬度达 HRC62 ~ HRC67 的由专业厂生产的一种标准工具。

锉刀的各部分名称如图 5－1 所示。

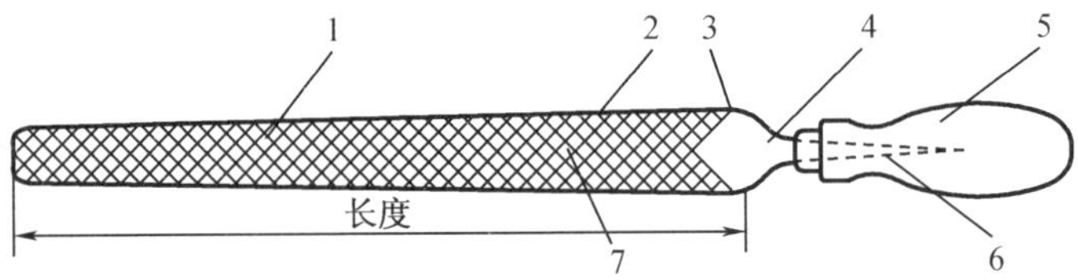


1—锉刀面；2—锉刀边；3—底齿；4—锉刀尾；5—木柄；6—锉刀舌；7—面齿。

**图 5－1　锉刀的各部分名称**

锉刀的规格用长度表示，有 100 mm(4 寸)、150 mm(6 寸)、200 mm(8 寸)、250 mm(10 寸)、300 mm(12 寸)、350 mm(14 寸)。

锉刀面是锉削的主要工作面，锉刀面在前端做成凸弧形，其作用是在平面上锉削局部隆起部分时比较方便，不容易因锉削时锉刀的上下摆动而锉去其他部位。

锉刀边指锉刀的两个侧面，有的没有齿，有的其中一个边有齿。没有齿的一边称为光边。

锉刀舌是用来安装锉刀柄的。

### 二、锉刀的分类

1. 按锉齿方向分类

锉刀的齿纹有单齿和双齿两种。

(1)单齿纹

锉刀上只有一个方向的齿纹称为单齿纹。单齿纹锉刀由于全齿宽都同时参加切削,需要较大的切削力,因此适用于锉削软材料。图5－2所示为一种铝板锉,用来锉削铝及其他软材料。

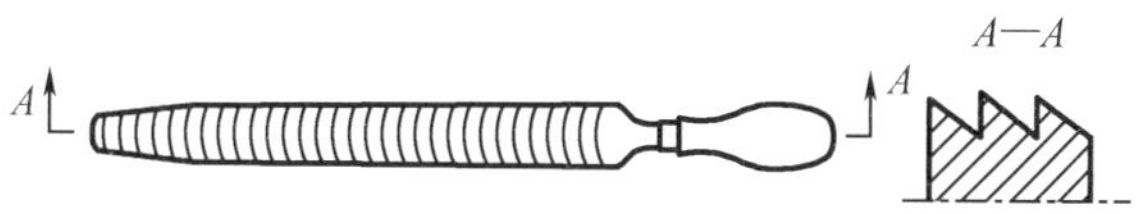


**图5－2　铝板锉**

(2)双齿纹

锉刀上有两个方向排列的齿纹称为双齿纹,如图5－3所示。浅的齿纹是底齿纹,深的齿纹是面齿纹。齿纹与锉刀中心线之间的夹角叫齿角。面齿角制成65°,底齿角制成45°,由于面齿角与底齿角不相同,使许多锉齿沿锉刀中心线方向形成倾斜和有规律的排列。这样可使锉出的锉痕交错而不重叠,表面比较光滑,如图5－3(a)所示。

如果面齿角与底齿角相同,则许多锉齿沿锉刀中心线平行排列,锉出的表面就会产生沟纹,而得不到光滑的效果,如图5－3(b)所示。双齿纹锉刀由于锉削时切屑是碎断的,故锉削硬材料时比较省力。

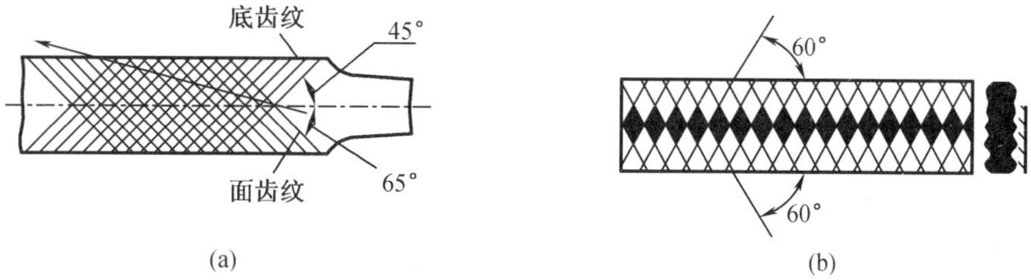


**图5－3　锉齿的排列**

2. 按锉齿粗细分类

锉刀的粗细规格用锉刀齿纹的齿距大小来表示。其粗细等级及选用见表5－1。

**表5－1　锉刀粗细规格的选用**

| 锉刀粗细 | 适用场合 | | |
|---|---|---|---|
| | 锉削余量/mm | 尺寸精度/mm | 表面粗糙度/μm |
| 1号锉纹,粗锉刀 | 0.5～1 | 0.2～0.5 | *Ra*100～*Ra*25 |
| 2号锉纹,中粗锉刀 | 0.2～0.5 | 0.05～0.2 | *Ra*25～*Ra*6.3 |
| 3号锉纹,细锉刀 | 0.1～0.3 | 0.02～0.05 | *Ra*12.5～*Ra*3.2 |
| 4号锉纹,双细锉刀 | 0.1～0.2 | 0.01～0.02 | *Ra*6.3～*Ra*1.6 |
| 5号锉纹,油光锉 | 0.1以下 | 0.01 | *Ra*1.6～*Ra*0.8 |

3. 按锉刀截面形状分类

普通锉按其断面形状(图 5 - 4)的不同又分为平锉(板锉)、方锉、三角锉、半圆锉和圆锉五种类型。

图 5 - 4　普通锉的断面形状

特种锉用于加工零件上的特殊表面,其断面形状如图 5 - 5 所示。

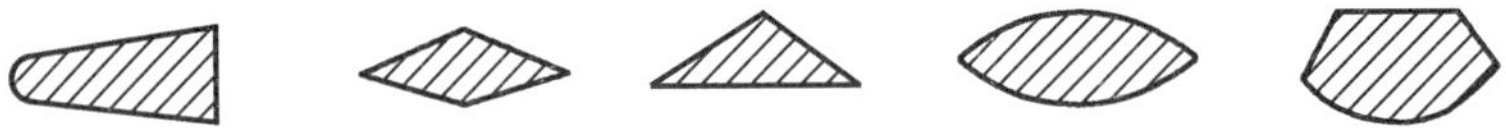

图 5 - 5　特种锉的断面形状

整形锉用于修整工件上的细小部位。图 5 - 6 所示为整形锉的各种形状。一般每 5 把、6 把、8 把、10 把或 12 把为一组。

图 5 - 6　整形锉(什锦锉)

## 三、锉刀的选择

每种锉刀都有适当的用途,如果选择不当,就不能充分发挥其效能。因此,锉削之前必须正确选择锉刀。

锉刀粗细的选择决定于工件加工余量的大小、加工精度和表面粗糙度的高低及工件材料的性质。粗锉刀适用于加工余量大、加工精度和表面粗糙度要求低的工件;而细锉刀适用于加工余量小、加工精度和表面粗糙度要求高的工件。

锉削软材料时如果没有专用的软材料锉刀,则可选用粗锉刀。因为如选细锉刀锉软材料时则由于齿缝容屑空间小,很容易被切屑堵塞而失去切削能力。

锉刀断面形状的选择决定于工件加工表面的形状。图 5－7 所示为加工表面形状不同时所适用的各种锉刀。

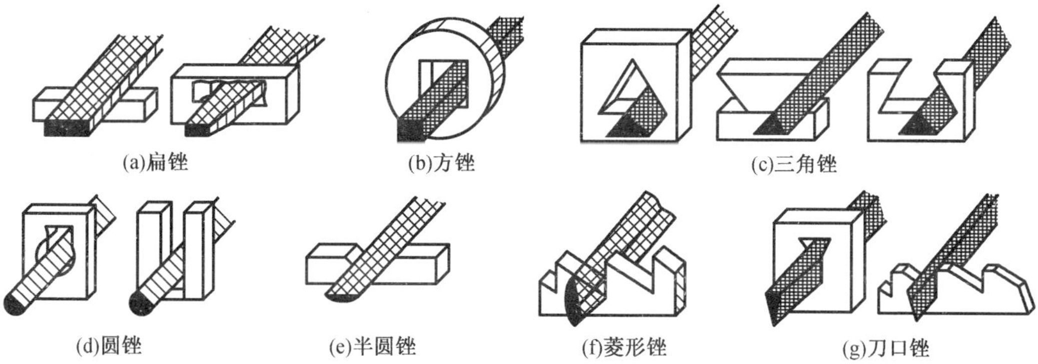


**图 5－7　锉刀的用途**

锉刀长度规格的选择决定于工件加工面的大小和加工余量的大小。加工面尺寸和加工余量较大时，宜选用较长的粗锉刀；反之则宜选用较短的细锉刀。

## 四、锉刀柄的装卸

为了握住锉刀和用力方便，锉刀必须装上木柄。锉刀柄安装孔的深度约等于锉舌的长度，孔的大小使锉舌能自由插入 1/2 的深度。装柄时先把锉舌插入柄孔，然后把锉刀柄的下端垂直地敲击虎钳等坚实的平面，使锉舌长度的 3/4 左右进入柄孔为止，如图 5－8(a)所示。

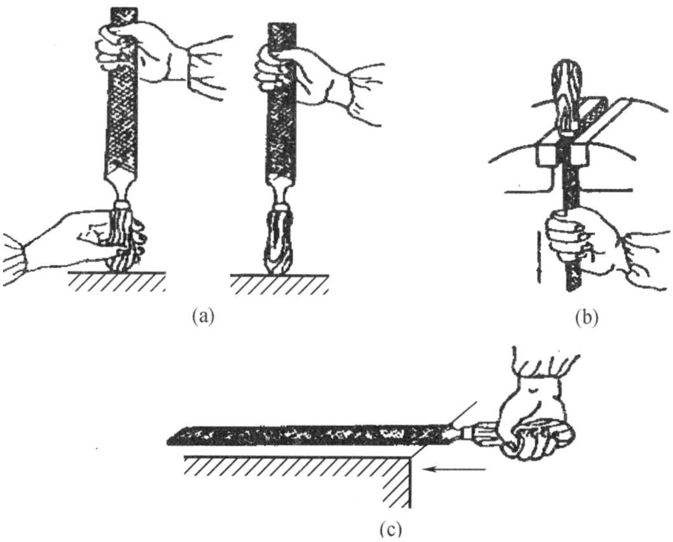


**图 5－8　锉刀柄的装卸**

拆卸锉刀柄可在台虎钳口(图 5 - 8(b))或其他稳固件的侧平面(图 5 - 8(c))进行。利用锉刀柄撞击台虎钳等平面后,在惯性作用下锉刀与木柄就会互相脱开。

## 五、锉刀的保养

合理使用和保养锉刀可以延长锉刀的使用寿命,为此必须注意下列使用和保养规则:

(1)不可用锉刀来锉毛坯件的氧化皮硬表面以及经过淬硬的工件,否则锉齿很易磨损。

(2)新锉刀应先用一面,用钝后再用另一面,因为用过的锉面较容易锈蚀。

(3)锉刀在多次使用完毕后,应用锉刷刷去锉纹中的残留铁屑,以免生锈。使用过程中若发现铁屑嵌入锉纹,也要及时刷去,或用铁片剔除(图 5 -9)。

(4)锉刀放置时不能与其他硬物相碰,不能与其他锉刀互相重叠堆放,以免锉齿损坏。

(5)防止锉刀沾水、沾油,以防锈蚀和锉削时打滑。

(6)不能将锉刀作为装拆工具使用,若用其敲击或撬动其他物件,则很易损坏。

(7)使用整形锉时,用力不可过猛,以免锉刀折断。

(a)用锉刷　　(b)用铁片

**图 5 -9　清除锉刀上的切屑**

# 任务二　锉 削 操 作

## 一、工件的夹持

工件夹持得正确与否,直接影响锉削的质量。因此,工件夹持要符合下列要求:

(1)工件最好夹在台虎钳的中间。

(2)工件夹持要牢固,但不能使工件变形。

(3)工件伸出钳口不要太高,以免锉削时工件产生振动。

(4)表面形状不规则的工件,夹持时要加衬垫。例如夹圆形的工件时要衬以 V 形铁或弧形木块;夹较长的薄板工件时用两块较厚的铁板夹紧后,再一起夹入钳口。露出钳口要尽量少，以免锉削时抖动。

(5)夹持已加工面和精密工件时，在台虎钳口应衬以软钳口，以免表面损坏。

## 二、锉削姿势

1. 锉刀握法

锉刀的握法正确与否，对锉削质量、锉削力量的发挥和人的疲劳程度都有一定影响。由于锉刀的大小和形状不同，所以锉刀的握法也不尽相同。

比较大的锉刀(250 mm 以上)，用右手握锉刀柄，柄端顶住掌心，大拇指放在柄的上部，其余手指满握锉刀柄，如图 5 - 10(a)所示。左手的姿势如图 5 - 10(a)和(b)所示。锉削时左手的肘部要适当抬起，不要下垂，否则不能发挥力量。

中型锉刀(200 mm)，右手的握法与上述大锉刀的握法相同，左手只需用大拇指和食指、中指轻轻扶持即可，不必像大锉刀那样施很大的力量，如图 5 - 10(c)所示。

较小的锉刀(150 mm 左右)，由于需要施加力量较小，故两手握法也有不同，如图 5 - 10(d)所示。这样的握法不易感到疲劳，锉刀也容易掌握平稳。

更小的锉刀(150 mm 以下)，只要用一只手握住即可，如图 5 - 10(e)所示，用两只手握反而不方便，甚至可能压断锉刀。

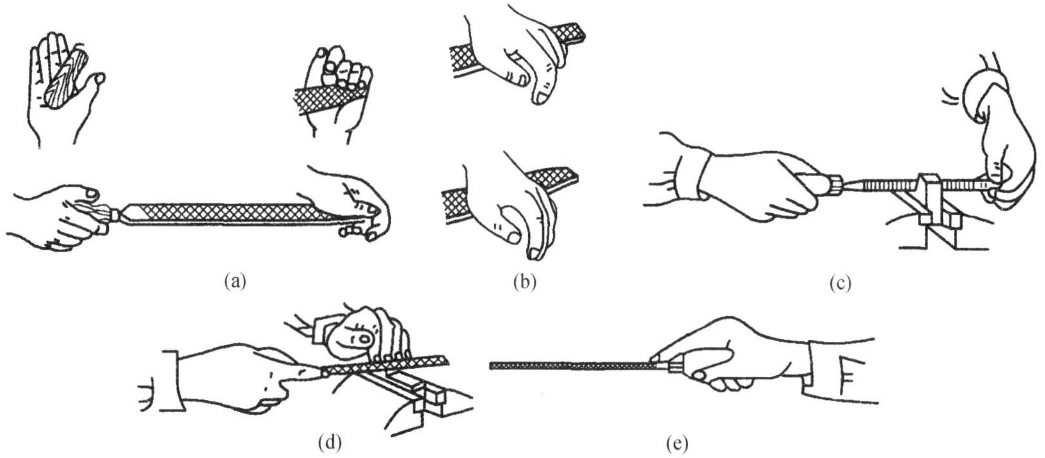

**图 5 - 10　锉刀的握法**

2. 站立姿势

锉削时人的站立位置与錾削时相似。站立要自然并便于用力，以能适应不同的锉削要求为准，如图 5 - 11 所示。

锉削时身体重心要落在左脚上，右膝伸直，左膝随锉削时的往复运动而屈伸。锉刀向前锉削的过程中,身体和手臂的运动情况如图 5－12 所示。

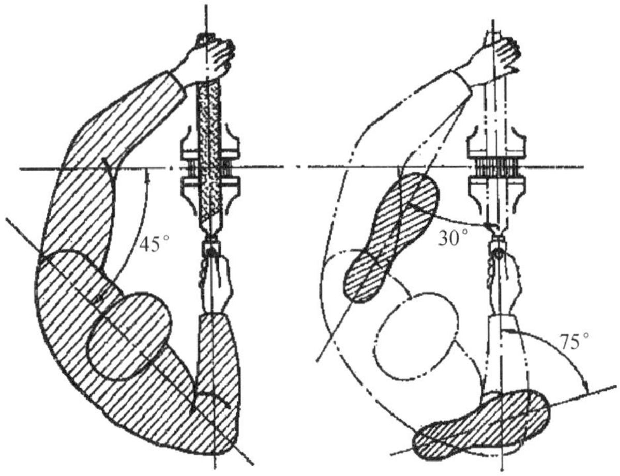


**图 5－11　锉削的站立姿势**

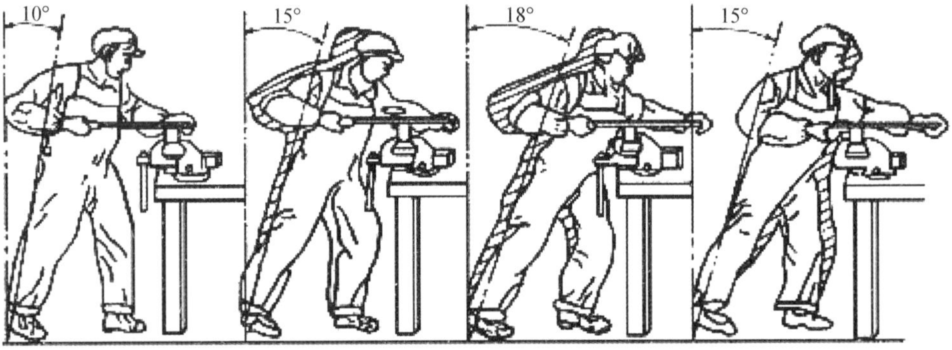


**图 5－12　锉削姿势**

开始时身体向前倾斜 10°左右,右肘尽量向后收缩,如图 5－12(a)所示。

最初 1/3 行程时,身体向前倾 15°左右,左膝稍有弯曲,如图 5－12(b)所示。

锉中间 1/3 行程时,右肘向前推进锉刀,身体逐渐倾斜到 18°左右,如图 5－12(c)所示。

锉最后 1/3 行程时,右肘继续向前推进锉刀,身体自然地退回到 15°左右,如图 5－12(d)所示。

锉削行程结束后,手和身体都恢复到原来姿势,同时锉刀略提起退回原位。

3. 锉削力的运用和锉削速度

推进锉刀时两手加在锉刀上的压力,应保证锉刀平稳而不上下摆动,这样才能锉出平整的平面。

推进锉刀时推力的大小主要由右手控制,而压力的大小是由两手控制的。为了保持锉刀平稳地前进,应满足以下条件:锉刀在工件上任意位置时,锉刀前后两端所受的力矩应相等。由于锉刀的位置是不断在改变的,显然,要求两手所加的压力也要随之做相应的改变。即随着锉刀的前进,左手所加的压力由大逐渐减小,而右手所加的压力应由小逐渐增大(图5-13)。这就是锉削平面时最关键的技术要领,必须认真训练才能掌握好。

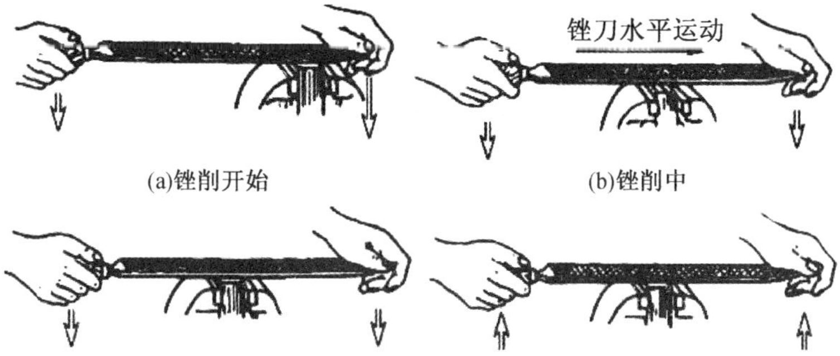


**图5-13 锉削力矩的平衡**

锉削时的速度一般为每分钟40次左右。速度太快,容易疲劳和加快锉齿的磨损。

## 三、平面的锉法

1. 顺向锉

顺向锉是最普通的锉削方法。不大的平面和最后锉光都要使用这种方法。顺向锉可得到正直的锉痕,比较整齐美观,如图5-14所示。

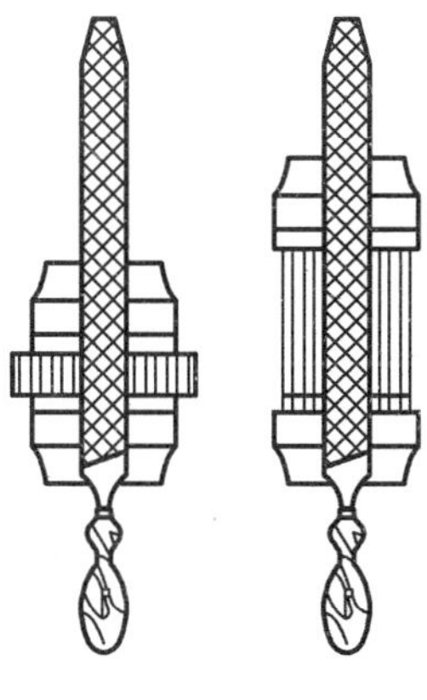

**图5-14 顺向锉**

2. 交叉锉

交叉锉时锉刀与工件的接触面增大,锉刀容易掌握平稳。同时,从锉痕上可以判断出锉削面的高低情况,因此容易将平面锉平。交叉锉进行到平面将要锉削完成之前,要改用顺向锉,使锉痕变为正直,如图 5 – 15 所示。

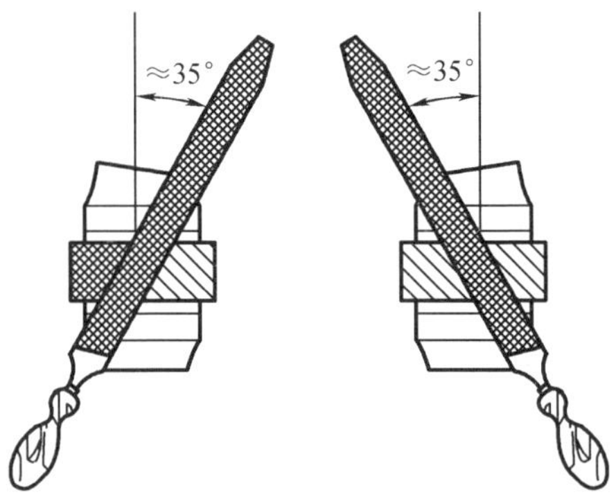


**图 5 – 15　交叉锉**

在锉平面时,不管是顺向锉还是交叉锉,为了使整个加工面能被均匀地锉削到,一般在每次抽回锉刀时,都要向旁边略移动,如图 5 – 16 所示。

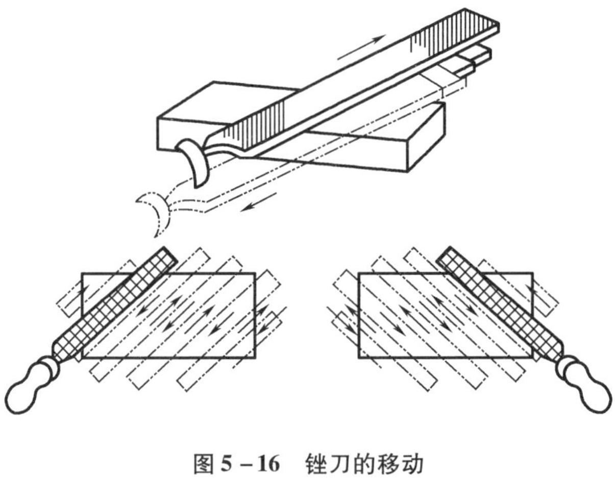

**图 5 – 16　锉刀的移动**

3. 推锉

推锉一般用来锉削狭长面或用顺向锉锉刀推进受阻时采用。推锉不能充分发挥手的力量,同时切削效率不高,故只适宜在加工余量较小和修正尺寸时应用。锉刀推进时两手应尽量靠近工件边缘减少锉刀摆动,如图 5 – 17 所示。

(a) (b) (c)

图 5－17 推锉

## 四、锉削质量的检验

1. 平面度的检查

锉削平面的平面度误差，一般用钢直尺或刀口形直尺以透光法检查，如图 5－18 所示。将刀口形直尺沿加工面的纵向、横向和对角线方向逐一进行检验，以透过光线的均匀程度和强弱来判断加工表面是否平直。平面度误差值可用塞尺塞入检查。对中凹平面，其平面度误差可取各检查部位中的最大值。对中凸平面，则应在两边塞入同样厚度的塞尺进行检查，其平面度误差可取各检测部位中的最大值。用塞尺检测时，应做两次极限尺寸的检查后，才能得出其间隙的数值。例如，用 0.04 mm 的塞尺片可插入，而用 0.05 mm 的塞尺片插不进去，其间隙应为 0.04 mm。

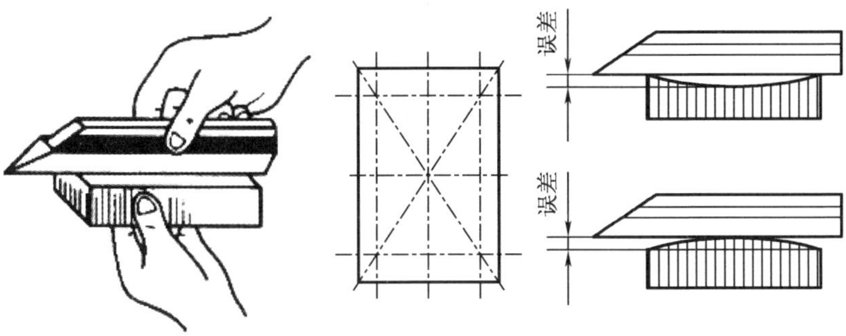

(a) (b)

图 5－18 锉削平面度的检查

2. 检测平行度误差

以锉平的基面为基准，用游标卡尺或千分尺在不同点测量两平面间的厚度，根据读数确定该位置的平行度是否超差，如图 5－19 所示。

3. 用 90°角尺检测垂直度误差

先将 90°角尺尺座的测量面紧贴工件的基准面，然后从上逐步轻轻向下移动，使 90°角尺的测量面与工件的被测表面接触，目光平视观察其透光情况，以此来判断工件被测面与基准面是否垂直，如图5－20(a)所示。检测时，90°角尺不可斜放，如图5－20(b)所示。

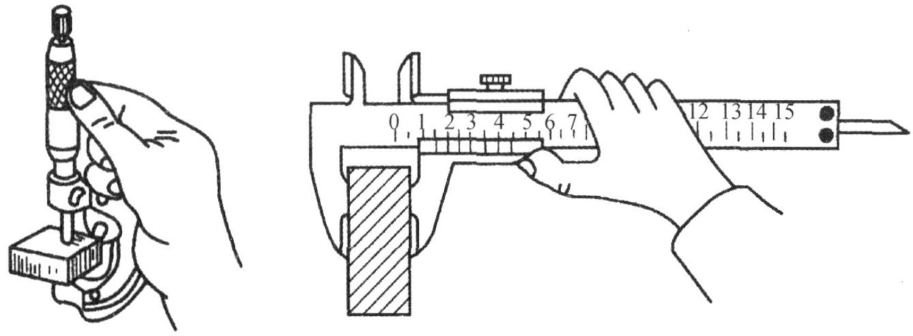

(a)用千分尺检测　　(b)用游标卡尺检测

**图5－19　锉削平行度的检查**

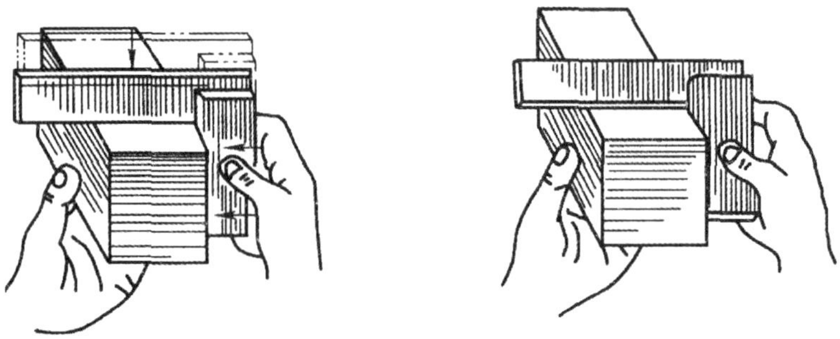

(a)正确　　(b)错误

**图5－20　用90°角尺检测工件垂直度误差**

在同一平面上改变不同的检测位置时，不可在工件表面上拖动90°角尺，以免将其磨损，影响90°角尺本身的精度。

4. 检查线轮廓度误差

曲面形体的线轮廓度误差可通过样板用塞尺或透光法进行检查，如图5－21所示。

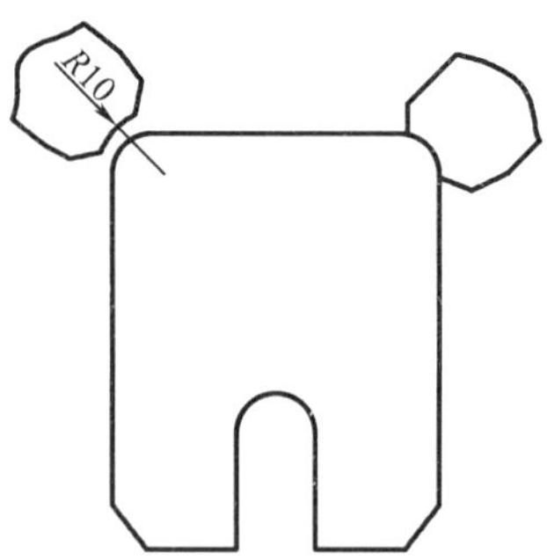


**图5－21　用样板检查曲面的线轮廓度误差(单位:mm)**

5. 检查角度

角度可用专用的内或外角度样板进行检查，如图 5－22 所示，也可以用万能角度尺进行检查。

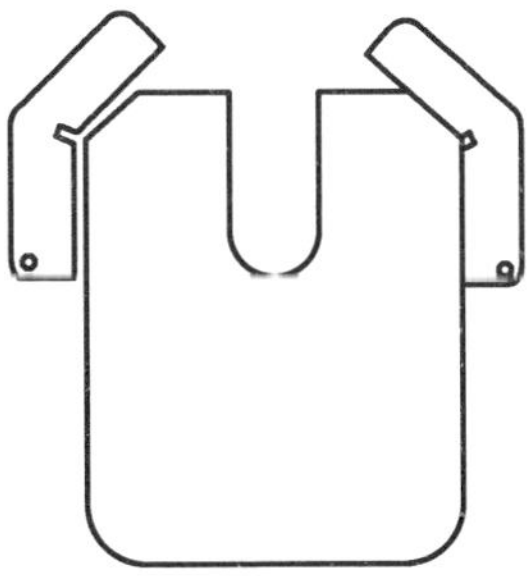

**图 5－22　用角度样板检查角度**

## 五、其他表面的锉法

1. 锉削凸圆弧面

锉削凸圆弧面的方法有两种，一种是用扁锉沿着圆弧进行锉削，如图 5－23（a）所示。锉刀向前运动的同时绕工件的圆弧中心线做上下摆动，其动作要领是在右手下压的同时左手上提。因为这种锉削方法的工作效率较低，所以只适用于精锉外圆弧面。

另一种是用扁锉横着圆弧面进行锉削，如图 5－23（b）所示。锉刀做直线推进的同时绕圆弧面中心线做圆弧摆动，待圆弧面接近要求尺寸时再用沿着圆弧面的方法精锉成型。这种方法只适用于凸圆弧面的粗加工。

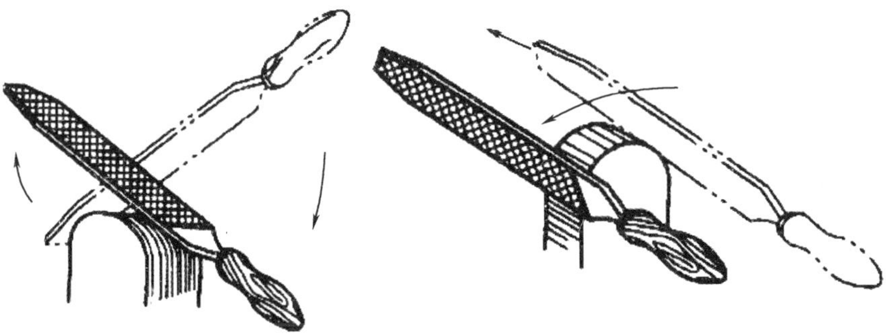

(a)沿着圆弧面锉削　　(b)横着圆弧面锉削

**图 5－23　凸圆弧锉法**

2. 锉削凹圆弧面

锉削凹圆弧面需要使用圆锉或半圆锉。锉削时，锉刀要同时完成三个运动：前进运动、沿着圆弧面向左或向右移动、绕锉刀中心线转动。只有在三个运动协调完成的前提下，才能锉好凹圆弧面，如图 5 - 24 所示。无论锉内圆弧或外圆弧都要注意圆弧面同两侧面垂直。

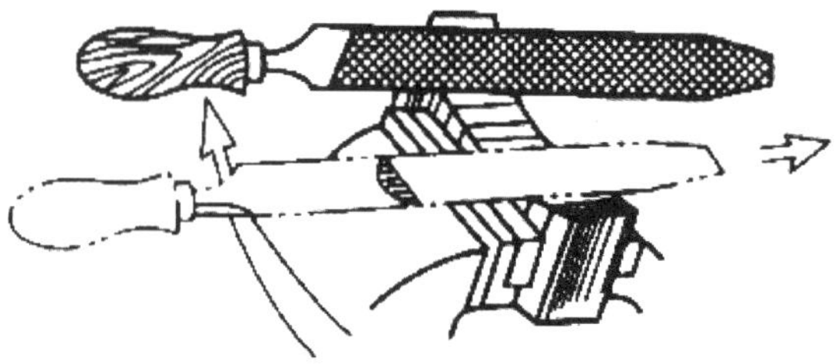

**图 5 - 24　凹圆弧锉法**

3. 锉削球面

锉削球面时，锉刀在做凸圆弧面顺向滚锉动作的同时，还要绕球面的中心和周向做摆动，如图 5 - 25 所示。

**图 5 - 25　球面的锉法**

4. 锉削直角面

锉内外直角面也是锉削工作中经常遇到的一种情况。用直角尺经常检查工件直角，将直角尺的短边 *A* 轻轻地贴紧在工件的基准面上，移动短边并使角尺的长边轻轻靠上被检查工件的另一面，用透光法检查其垂直度，如图 5 - 26 所示。

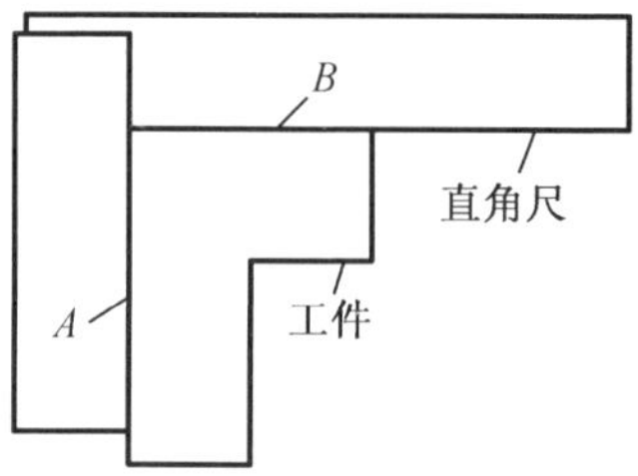


**图 5 - 26　用直角尺检查不垂直度**

## 六、锉削时的废品分析

目前,锉削主要用于修整工件或工件的精加工,它常常是最后一道工序。要是出了废品,则将造成很大的损失。

1. 工件夹坏

(1)精加工过的工作表面被台虎钳夹出伤痕。其原因大多为没有用软钳口夹持工件,有时虽用软钳口夹持但夹紧力过大,也会将工件表面夹坏。

(2)空心工件被夹扁。其原因是夹紧力太大或直接用台虎钳口夹紧而变形。例如,夹空心的圆柱形零件时,钳口两面应衬以 V 形铁或弧形木块,否则由于夹紧力作用于工件表面的较小面积上,局部压力太大,就要产生变形。

2. 尺寸和形状不准确

其原因除了由于画线不正确或锉削时检查测量有误差外,多半是由于锉削量过大而又没有及时检查,以致锉过了尺寸界线。此外,由于操作技术不熟练或选用了不合适的锉刀,也会造成废品。锉削角度面时,由于不细心,会把已锉好的相邻面锉坏。

3. 表面粗糙

由于表面粗糙而产生废品的原因有以下几种:

(1)在精锉时仍采用较粗的锉刀;

(2)粗锉时锉痕太深,以致在精锉时无法去除粗痕;

(3)铁屑嵌在锉纹中未及时清除,而把工件表面拉毛。

## 七、锉削的安全操作

锉削一般不易产生事故,但为了避免不必要的伤害,工作时仍应注意以下事项:

(1)锉刀柄要装夹牢固,不要使用锉柄有裂纹的锉刀。

(2)不允许用嘴吹铁屑,也不允许用手直接去清理铁屑。

(3)要先使用锉刀的一个面进行锉削,只有在该面磨钝后,才能再使用另一面。

(4)锉刀使用完毕后,不要与其他工具重叠或堆放在一起。

(5)当需要夹持已加工表面时,应使用保护片;夹持较大工件时,要用木垫进行支承。

# 任务三 锉削实例

## 一、六角形体的锉削操作

1. 识读工件图样

六角形体如图 5-27 所示,材料为 Q235 钢,尺寸为 $\Phi28$ mm × 30 mm。

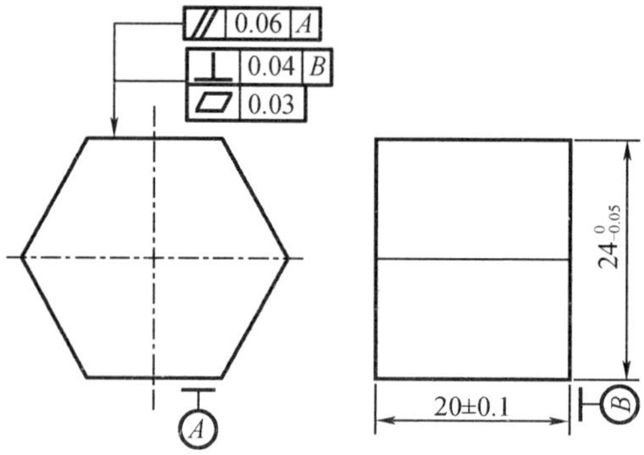


**图 5－27　六角形体(单位:mm)**

2. 画线

在圆料工件上画内接正六角形,首先将工件放在 V 形块上,用高度游标卡尺测量出圆料工件上母线的高度,再减去圆料半径 14 mm,调整高度游标卡尺至中心位置,画出中心线,如图 5－28(a)所示。

按图样六边形对边距离、调整高度游标卡尺,画与中心线平行的六角形体两对边线,如图 5－28(b)所示。然后再依次连接圆上各交点,如图 5－28(c)所示。

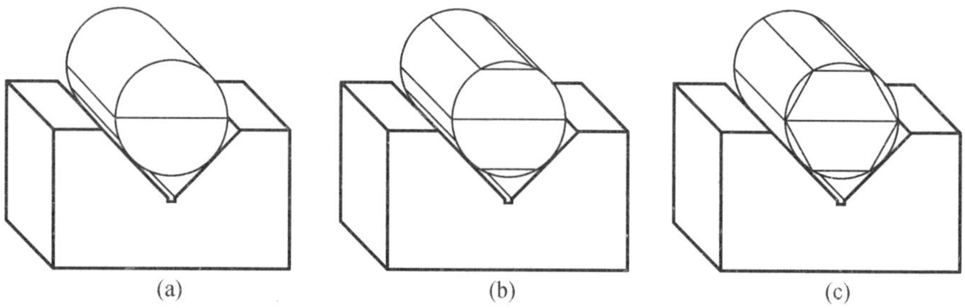


**图 5－28　在圆料工件上画内接正六角形**

3. 锉削步骤

(1)粗、精锉第一面,如图 5－29(a)所示,要求平面度误差在 0.04 mm 以内,与 *B* 面的垂直度误差在 0.04 mm 以内。

(2)粗、精锉相对面,如图 5－29(b)所示,以第一面为基准画出相距尺寸为 $24_{-0.05}^{0}$ mm 的平面加工线,再锉削至图样要求。注意两平面间平行度误差在 0.06 mm 以内。

(3)粗、精锉第三面,如图 5－29(c)所示,达到图样要求,与第一面的夹角为 120°,用角度样板或万能量角器来控制。

(4)粗、精锉第三面的相对面,如图 5－29(d)所示,以第三面为基准画出相距尺寸为

$24_{-0.05}^{0}$ mm的平面加工线，再锉削至图样要求。

(5)粗、精锉第五面，如图5-29(e)所示，达到图样要求，与第三面的夹角均为120°，用角度样板或万能量角器来控制。

(6)粗、精锉第五面的相对面，如图5-29(f)所示，以第五面为基准画出相距尺寸为$24_{-0.05}^{0}$ mm的平面加工线，然后再锉削至图样要求。

(7)全部精度复验，并进行必要的修整锉削，最后将各锐边均匀倒棱。

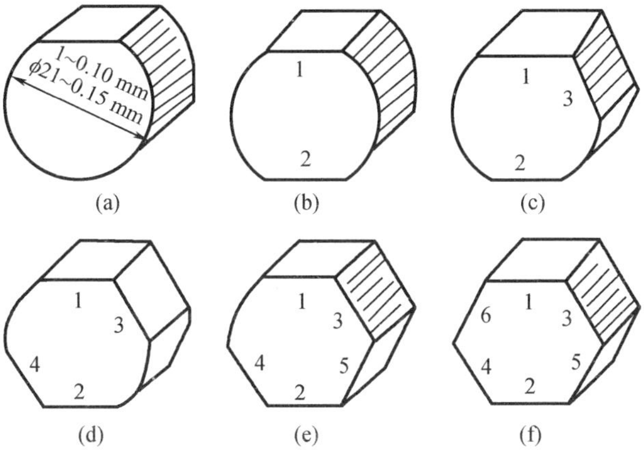


**图5-29 六角形体加工步骤**

## 二、直角尺锉削操作

钳工的一些工具经常需要自制，如图5-30所示，按图样尺寸要求自创直角尺，材料为30钢，厚度$\delta=3$ mm，毛坯板料尺寸为110 mm×70 mm×3 mm。两面大平面已磨光。

(1)根据要加工的直角尺精度，应选择透光法粗测，研磨法精测。平行底与$30_{0}^{+0.015}$ mm尺寸应选择0~25 mm、1级精度的千分尺检测。

(2)选择100 mm尺寸的长直边，采用研磨法检测，经反复锉削修整后使其直线度、平面度、表面粗糙度达到要求，并且窄面与两大平面垂直。

(3)以100 mm尺寸外侧窄面为基准将尺寸63 mm外侧窄面的线画出。经粗锉、精锉后使其垂直于100 mm尺寸外侧面，垂直度不应大于0.02 mm且平面度与两大平面的垂直度、表面粗糙度都得到保证。

(4)以100 mm尺寸和63 mm尺寸外侧面为基准，将直角尺的线全部画出。

(5)钻出$\Phi2$(工艺孔)后，按所画的线留0.5~1 mm的余量，用手锯将多余的料锯掉。

(6)以100 mm长侧面为基准，锉削与其平行的$30_{0}^{+0.015}$ mm尺寸的内侧面。经反复检测锉削后达到图样的尺寸要求。平行度不大于0.02 mm，内侧面垂直于两大平面，表面粗糙度达到要求。

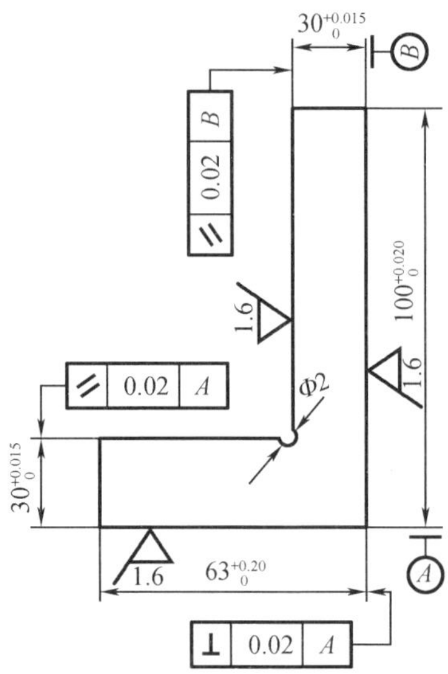


**图 5-30　直角尺锉削**

注:长度单位为 mm,粗糙度单位为 μm。

(7)以 63 mm 长外侧面为基准,锉削与其平行的 $30^{+0.015}_{0}$ mm 的内侧面。经反复检测锉削后达到图样的尺寸要求。平行度不大于 0.02 mm,内侧面垂直于两大平面,表面精度达到要求。

(8)将两处 $30^{+0.015}_{0}$ mm 尺寸的端头锉削到要求的尺寸。

(9)锐角稍微倒钝(要均匀),校核各部位尺寸,至此直角尺锉削完毕。

# 项目六　钻孔、扩孔、锪孔和铰孔

在各种机械上，孔的运用十分广泛，作用也十分重要。在船舶上，轮机部门工作人员经常在检修机械工作中用钻头在原来的机械或新配的工件上钻孔。例如，主机观察窗（有机玻璃）、法兰盘和开口销孔及穿过螺栓或销钉的连接孔，轴瓦和铜套的注油孔以及机械零件攻丝前的钻孔等，都是钳工利用各种钻孔设备来完成的。钳工工作范围内的钻孔加工，主要指钻孔、扩孔、锪孔和铰孔。

用钻头在工件上打孔叫钻孔；用扩孔钻扩大工件上原有的孔径叫扩孔；用锪孔钻将孔端锪成各种形状叫锪孔；用铰刀对孔进行提高孔径尺寸精度和减少表面粗糙度的精加工叫铰孔。

在钻床上钻孔、扩孔、锪孔和铰孔时，工件都是固定不动的。刀具要求同时完成两个运动：一是主运动，即刀具绕本身轴线所做的旋转运动，也就是切屑运动；二是走刀运动，即刀具沿本身轴线方向对着工件所做的直线运动，也是使切屑得以连续进行下去的运动。

## 任务一　钻床和钻头

### 一、钻床

1. 台式钻床

台式钻床简称台钻，是一种放在台上使用的小型钻床，一般用于钻直径 13 mm 以下的孔。

图 6－1 所示为 Z512 型台钻的外形图。该钻床传动部分由电动机 4 及一组五级塔轮传给主轴 10，通过三角皮带的连接进行变速。钻床上装有电器转换开关，能使钻床正转、反转、停止。钻孔时的走刀量靠扳动走刀手柄 11 进行。钻轴头架 12 的升降调整：松开紧固手柄 7，摇动升降手柄 8 使螺母旋转，由于丝杠架 3 固定不动，螺母便带动头架 12 进行升降。调整到适应工件的钻孔高度后，再固紧手柄 7。

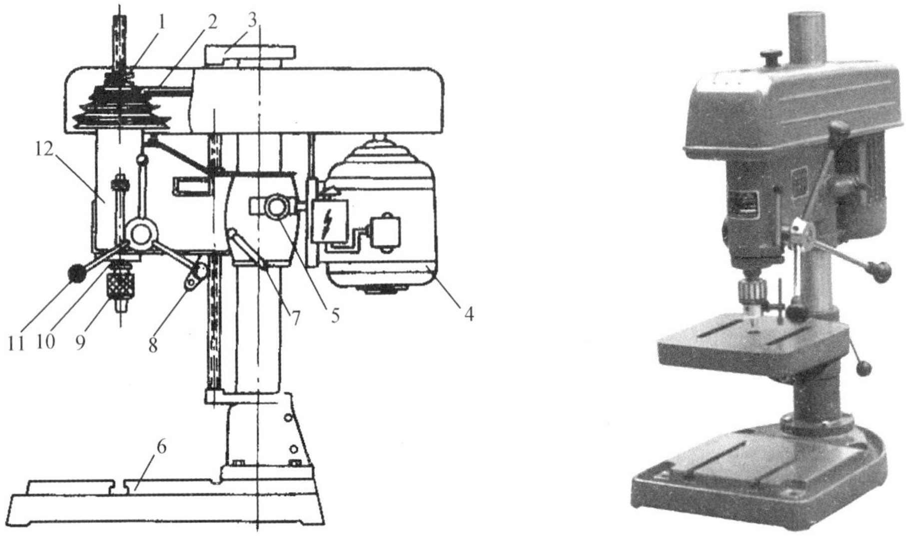


(a)　　(b)

1—塔轮;2—三角胶带;3—丝扛架;4—电动机;5—滚花螺钉;6—工作台;7—紧固手柄;
8—升降手柄;9—钻夹头;10—主轴;11—走刀手柄;12—头架。

**图 6－1　Z512 型台钻**

2. 立式钻床

立式钻床简称立钻,其最大钻孔直径有 25 mm、35 mm、40 mm 和 50 mm 等几种,一般用来钻中型工件。立式钻床的刚性好、功率大,因而允许采用较高的切削用量,效率高,加工精度也较高;同时,立式钻床可以自动进给,主轴的转速和进给量变化范围大,可以适应不同材料的刀具及钻孔、扩孔、铰孔、锪孔及攻丝等各种不同的加工需要。图 6－2 所示为 Z525B 型立式钻床外形图,最大钻孔直径为 25 mm。

3. 摇臂钻床

图 6－3 所示为摇臂钻床。它适用于在笨重的大工件以及多孔工件上钻孔。由于主轴箱 4 能在摇臂 3 上移动,摇臂 3 能绕立柱 5 回转 360°并沿着主柱 5 上下移动,从而使摇臂钻床能在很大范围内钻孔。工件可以固定在工作台 2 上或直接固定在底座 1 上。当主轴箱调整到需要的位置后,摇臂 3 和主轴箱 4 可分别由夹紧机构锁紧,以防止刀具在切削时走动和振动。摇臂钻床的主轴转速范围和走刀量范围很广,可用于钻孔、扩孔、锪孔、铰孔、镗孔、攻丝等操作。

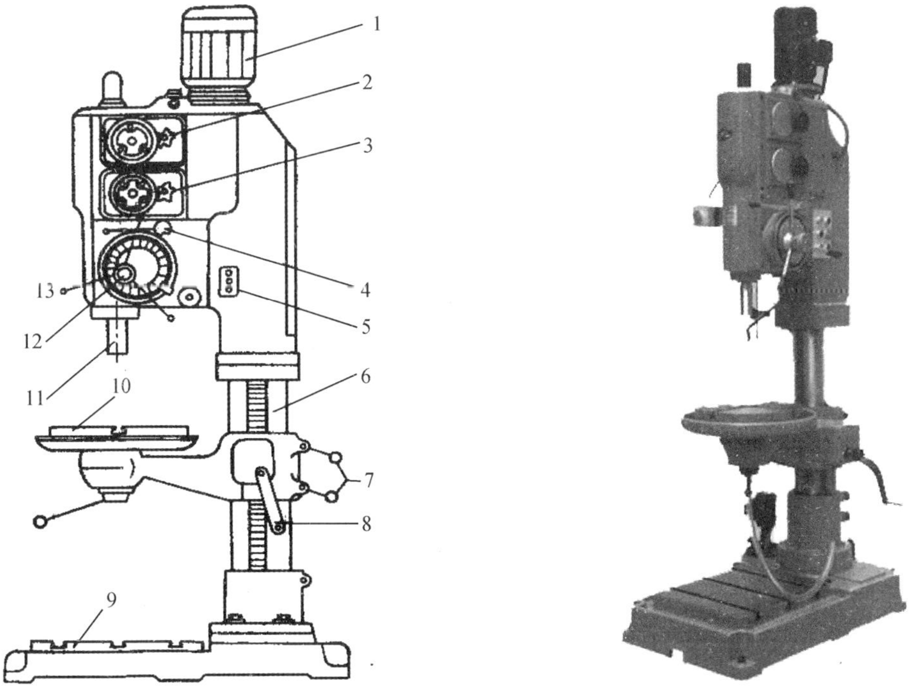


(a)　　(b)

1—电动机;2—主轴变速手柄;3—进给变速手柄;4—离合器手柄;5—按钮;6—立柱;7—锁紧手柄;8—工作台升降手柄;9—方形工作台;10—圆形工作台;11—立柱;12—手工及自动变速端盖;13—进刀手柄。

**图 6－2　Z525B 型立式钻床**

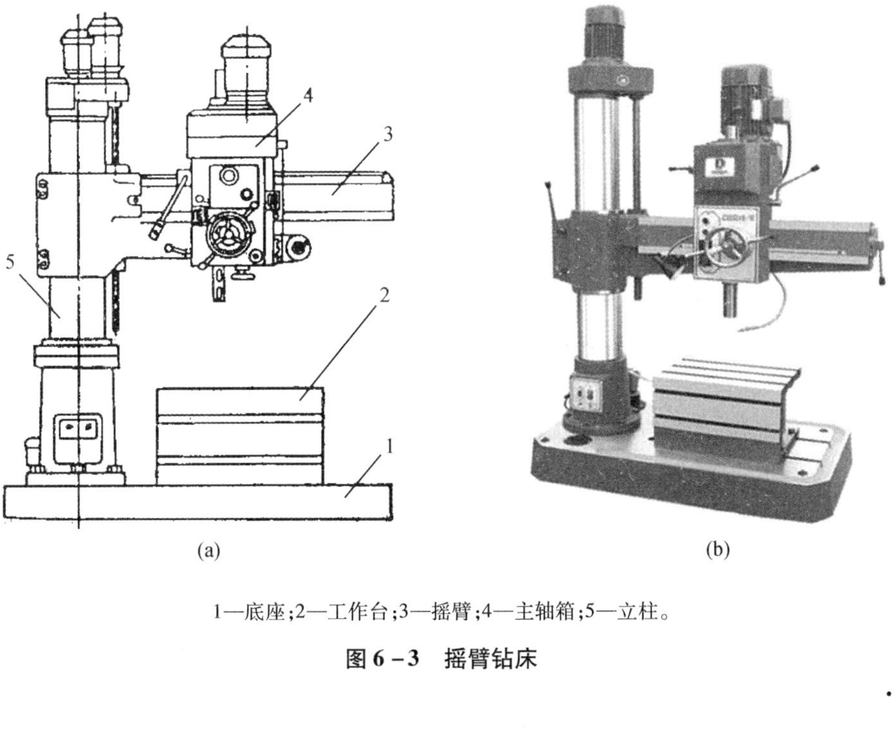


(a)　　(b)

1—底座;2—工作台;3—摇臂;4—主轴箱;5—立柱。

**图 6－3　摇臂钻床**

4. 电钻

当工件很大或由于孔的位置关系，不能把工件放在钻床上钻孔时，可用电钻钻孔（图6－4）。

图6－4 电钻

电钻的电源电压一般有220 V和36 V两种。其尺寸规格有6 mm、10 mm、13 mm等几种。电钻是由操作人员直接握持操作的，故保证电气安全极为重要。

## 二、钻头

钻头是钻孔的主要刀具，因为工作部分外形像根“麻花”，所以俗称麻花钻。麻花钻用高速钢制成，工作部分经热处理淬硬至HRC62～HRC65。

1. 麻花钻的组成

（1）柄部

麻花钻的柄部有锥柄和直柄两种。一般钻头直径小于等于13 mm的制成直柄，大于13 mm的制成锥柄。柄部是钻头被夹持的部位，它的作用是传递钻孔时所需的扭矩和轴向力。标准麻花钻头如图6－5所示。

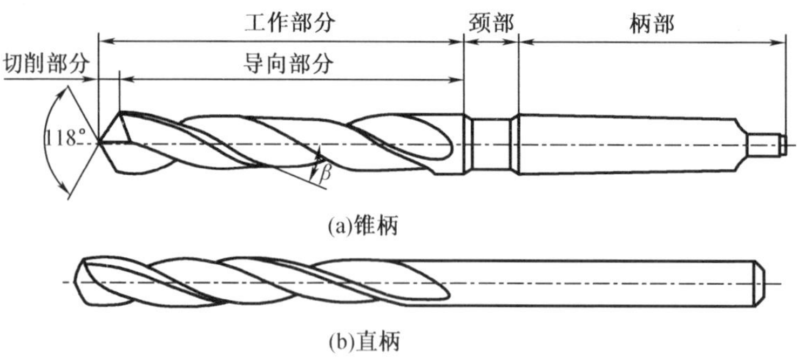


(a)锥柄

(b)直柄

图6－5 标准麻花钻头组成

(2)颈部

颈部在磨制钻头外圆时作退刀槽使用;钻头的规格、材料及商标等一般也刻印在颈部。

(3)工作部分

工作部分由切削部分和导向部分组成。切削部分主要起切削工件的作用;导向部分的作用不仅是保持钻头钻孔时钻削方向的正确和修光孔壁,同时还是切削部分的后备部分。

2. 麻花钻工作部分的几何形状和角度

如图 6－6 所示,麻花钻切削部分可以看作是正反两把车刀,所以它的几何角度的定义及辅助平面的概念都和车刀基本相同,但又有其自身的特殊性。

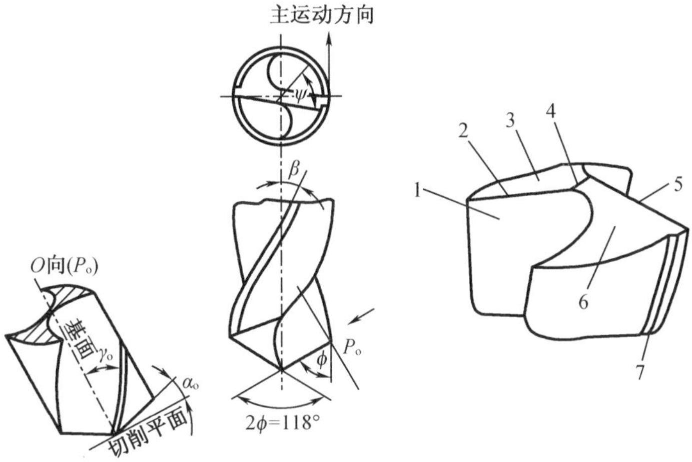


1—前面;2,5—主切削刃;3,6—后刀面;4—横刃;7—副切削刃(棱刃)。

**图 6－6　麻花钻切削部分和几何角度**

(1)螺旋槽

麻花钻有两条螺旋槽,它的作用是构成切削刃、排出钻屑和输送切削液。螺旋槽面又叫前面。螺旋角($\beta$)是钻头的主切削刃上最外缘处螺旋线的切线与钻头轴心线之间的夹角。标准麻花钻的螺旋角在 18°～30°之间。

(2)后面

后面指钻头顶部的螺旋圆锥面。

(3)顶角

钻头上两主切削刃在与其平行的平面上投影的夹角为顶角($2\phi$)。顶角大,则主切削刃短,定心差,钻出的孔径易扩大;但是顶角大时前角也大,切削比较轻快。标准麻花钻的顶角为 118°,此时两主切削刃呈直线形;大于 118°时,两主切削刃呈内凹形;小于 118°时,两主切削刃呈外凸形,如图 6－7 所示。

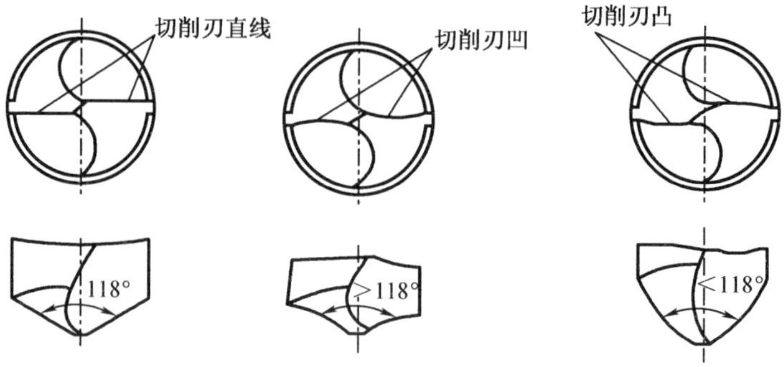


(a)2$\phi$=118°　　(b)2$\phi$<118°　　(c)2$\phi$>118°

**图 6－7　麻花钻顶角大小对切削的影响**

(4)前角

前角($\gamma_o$)是前面与基面间的夹角。前角的大小与螺旋角、顶角和钻心直径有关,而影响最大的是螺旋角。螺旋角越大,前角也就越大。前角的大小是变化的,其外缘处最大,自外缘向中心不断减小,在中心钻头直径的 1/3 范围内开始为负值。前角的变化范围为 －30°～＋30°。

(5)后角

后角($\alpha_o$)是后面与切削平面间的夹角。后角是在圆柱截面内测量的角度,如图 6－8 所示。后角也是变化的,其外缘处最小,越接近中心后角越大。

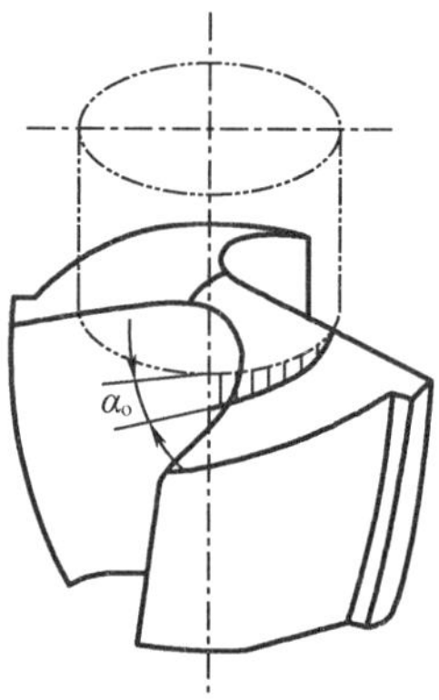


**图 6－8　麻花钻后角的测量**

(6)横刃

钻头两主切削刃之间的连线(就是两个后面的交线)称为横刃。横刃太长,轴向力增大;横刃太短,影响钻尖的强度。

(7)横刃斜角

在垂直于钻头轴线的平面上,横刃与主切削刃的投影所夹的锐角,称为横刃斜角($\psi$)。

它的大小主要由后角决定，后角大则横刃斜角小、横刃长。标准麻花钻的横刃斜角为50°～55°。

(8)棱边

棱边(又称刃带)有修光孔壁和作切削部分后备的作用。为减小棱边与孔壁之间的摩擦，在麻花钻上制作了两条略带倒锥的棱边。

3. 钻孔技能训练

(1)麻花钻的刃磨

在砂轮机上磨削麻花钻的切削部分，以获得所需要的几何形状及角度的过程，称为钻头的刃磨。刃磨麻花钻时，主要是刃磨钻头的两个后面，同时要保证后角、顶角和横刃斜角的正确性。麻花钻的刃磨是装配钳工较难掌握的一项基本操作技能。

麻花钻刃磨后，应达到以下两点要求：①麻花钻两主切削刃对称，也就是两主切削刃和轴线之间的夹角相等，两主切削刃的长度相等。②横刃斜角在50°～55°之间。

刃磨时，右手握住钻头的头部作为定位支点，左手握住钻头的柄部进行上下摆动；钻头轴线与砂轮轴线之间的夹角等于顶角的一半(58°～59°)。使主切削刃在略高于砂轮水平中心线处先接触砂轮；右手缓慢地使钻头绕自身的轴线自下而上转动；刃磨压力逐渐增大，以刃磨出合理的后角，下压的速度和幅度应根据后角的大小进行调整。刃磨时，两只手的动作要协调，两个后面要轮换刃磨，直至符合要求为止，如图6－9所示。

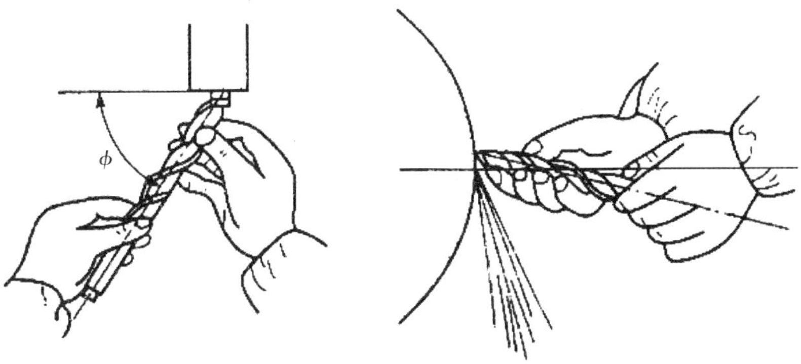


(a)麻花钻刃磨的握法　　(b)刃磨过程

**图6－9　麻花钻的刃磨**

(2)麻花钻的修磨

麻花钻的横刃较长，且在横刃处的前角为负值，这样不仅使钻削时的轴向阻力增大，而且定心效果较差，并易造成钻头抖动。所以，直径在6 mm以上的钻头一般都要对钻头的横刃进行修磨，以修短横刃，增大横刃处前角。经过正确的刃磨和修磨的钻头，不仅刃口锋利，而且切削部分的角度更加合理，切削性能大为改善，钻孔时可以获得较高的生产率和较好的加工精度，钻头的使用寿命也会延长。

修磨横刃时，把横刃磨短，使钻心处主刀刃的负前角数值减小。修磨后横刃的长度 $b$ 为原来的 1/5 ~1/3。修磨横刃后形成内刃，内刃前角 $\gamma_\tau = 0° \sim 15°$，它比原来标准钻头上该处的 $-30°$前角切削条件要好得多。一般直径 5 mm 以上的钻头应该修磨横刃，修磨后可减少钻孔时产生的轴向力（图 6－10）。

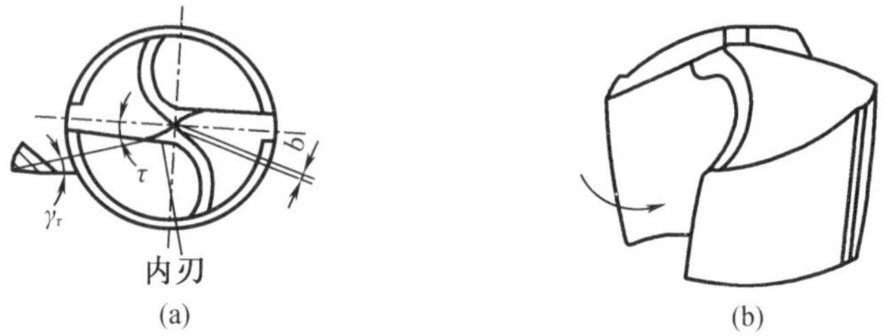


图 6－10　修磨横刃

修磨顶角时，把钻头磨成双重或三重顶角，增加主刀刃长度和刀尖角 $\varepsilon$，改善散热条件，提高主刀刃与棱刃交角处的耐磨性，以提高钻头的耐用度。一般 $2\phi_0 = 70° \sim 75°$，$f_0 = 0.2D$（$D$ 为钻头直径）（图 6－11）。修磨顶角的钻头适于加工铸铁。

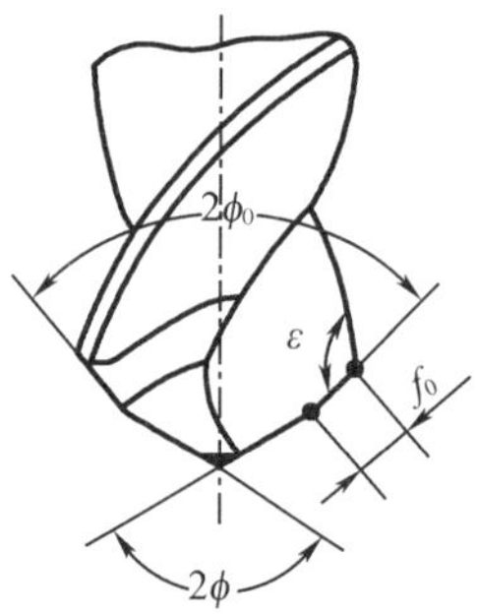


图 6－11　修磨顶角

修磨分屑槽时，在主后刀面上磨出错开的分屑槽，把宽切屑分成几条窄切屑，便于排屑（图 6－12）。修磨分屑槽的钻头适于加工钢料。

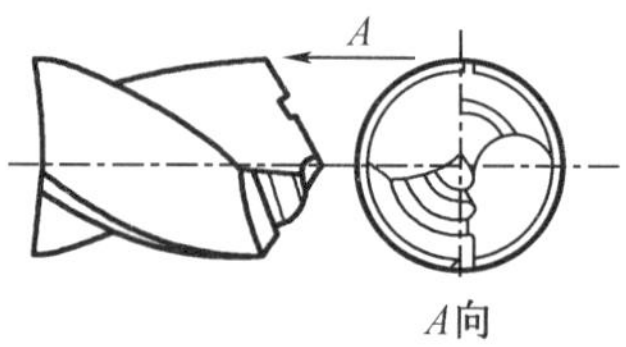


图 6－12　修磨分屑槽

加工硬材料时，为了增加主刀刃外缘部分的强度，加工黄铜、青铜时，为了避免钻头自动切入(啃刀)，可将钻头主刀刃和棱刃交角处(图6－13中阴影部分)的前刀面上磨去一块，以减小该处过大的前角。

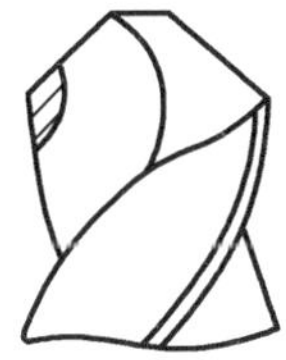

**图6－13　修磨前刀面**

薄板钻又称三尖钻，是一种特殊的钻头，常用于生产数量不多或船舶机械上做金属垫片时需要钻孔的工件，可在1.0～1.5 mm的薄板、薄钢板、镀锌铁皮、薄铝板、铜皮上钻孔。

图6－14所示为常用薄板钻的结构。把钻头的两主后刀面磨成凹圆弧，在顶部出现三个顶尖为好。工作时，钻心先切入工件，定住中心，两个锋利的外尖转动包抄迅速把中间的圆片切离。用三尖钻钻薄板，干净利落，安全可靠。

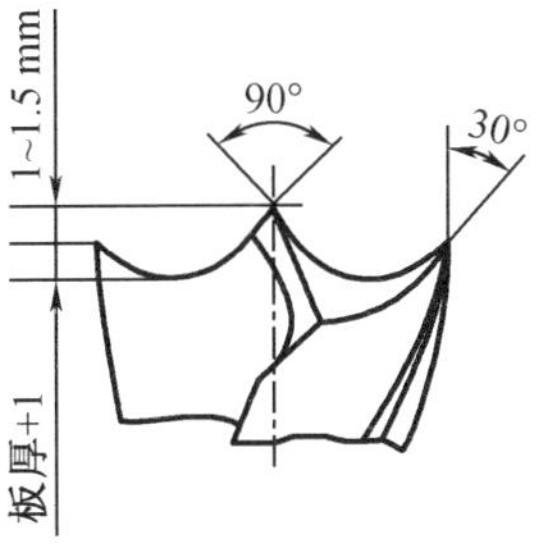


**图6－14　薄板钻**

## 三、钻头装夹工具

1. 钻夹头

柱柄钻头一般用钻夹头夹持。钻夹头(图6－15)上端有一锥孔，紧配入一根上下两端均带有莫氏锥度的芯棒，装入钻床主轴的锥孔内使用。夹头体1的三个斜孔中装有带螺纹的卡爪5，用来夹紧柱柄钻头，它和环形螺母4啮合。当用带小齿轮的钥匙3插入夹头体1中并转动时，小伞齿轮便传动钻头套2上的大伞齿轮，进而使压合在钻头套2内部的环形螺母4旋转，使三个卡爪5同时推出或缩入，达到夹紧和放松钻头的目的。

2. 钻头套与楔铁

钻头套是将锥柄钻头和钻床主轴连接起来的过渡工具，如图6－16所示。

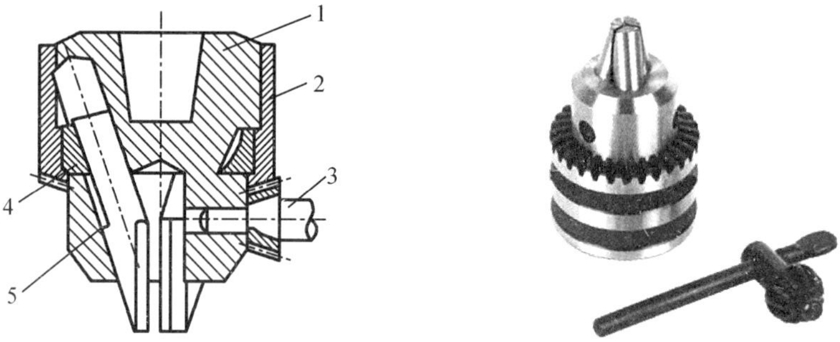


(a)　　(b)

1—夹头体;2—钻头套;3—钥匙;4—环形螺母;5—卡爪。

**图 6－15　钻夹头结构**

(a)钻头套　　(b)楔铁

**图 6－16　钻头套与楔铁**

楔铁用来从钻头套中取出钻头。使用时应该注意两点:一是楔铁带圆弧的一边一定要放在上面,否则会把钻床主轴套或钻头套的长圆孔打坏;二是取出钻头时,要用手或其他方法接住钻头,以免落下时损坏钻床台面和钻头。

3. 快换钻夹头

快换钻夹头是一种能在主轴转动情况下,更换钻头或其他刀具的夹紧工具(图 6－17)。

快换钻夹头装卸迅速,使用方便,减少了换刀时间,提高了生产率,所以在一些生产单位应用广泛。

**图 6－17　快换钻夹头**

## 四、辅助工具

辅助工具是指用于装夹工件的通用工具。常用的有手虎钳、平口虎钳、V形铁、螺钉压板。

1. 手虎钳

手虎钳如图6-18所示。在手不能拿的薄、小工件上钻孔或钻孔孔径小于8 mm时，必须用手虎钳夹持工件。

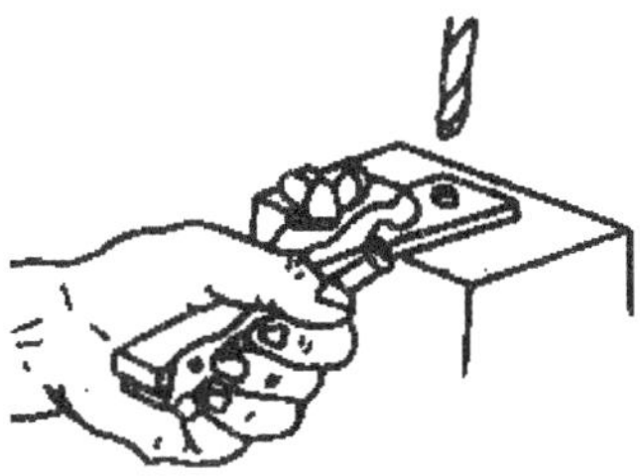

图6-18　用手虎钳夹持工件钻孔

2. 平口虎钳

平口虎钳用于装夹外形平整的工件(图6-19)。

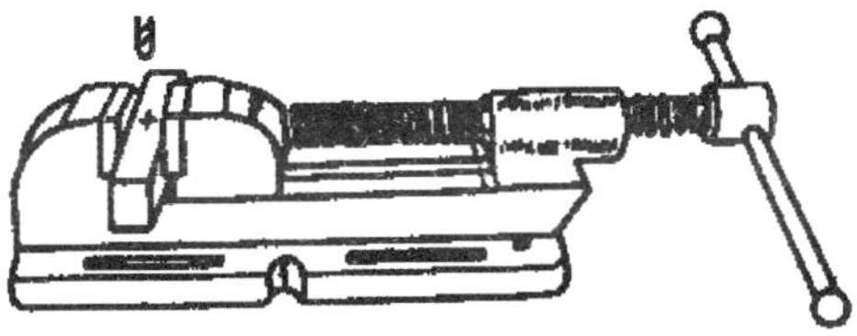

图6-19　平整工件用平口虎钳夹紧钻孔

3. V形铁

V形铁用于在轴或套筒类工件上钻孔，工件常用螺钉压板装夹在V形铁上(图6-20)。

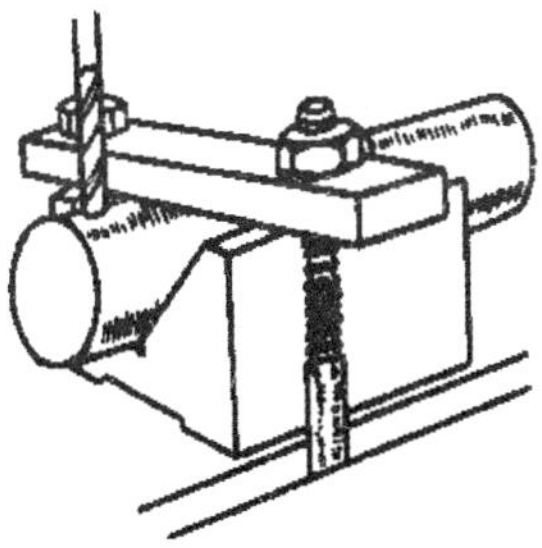

图6-20　用V形铁夹持工件钻孔

4. 压板螺钉

在钻大孔时,或在加工不适用虎钳夹紧的工件时可直接用压板。先用螺钉和压板把工件固定在钻床工作台上(图 6-21)。注意螺钉夹紧时应使螺钉尽量靠近工件,支架压板的垫铁高度应略高于或等于所压工件,这样才能获得较大的夹紧力和夹紧效果。此外,压板下的工件如表面已经过精加工,要衬垫铜皮或铝皮,以避免损坏精加工表面。

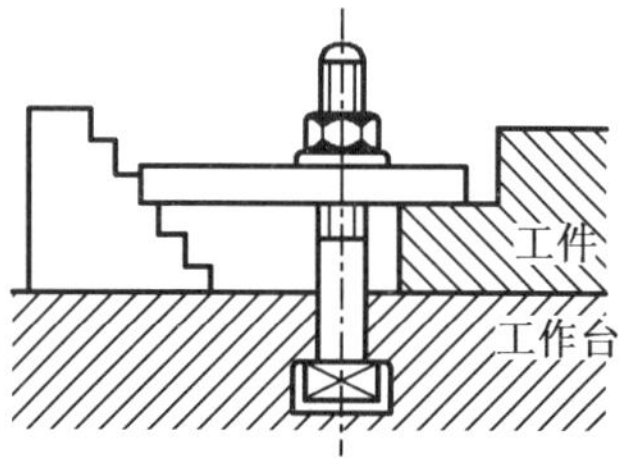


图 6-21 使用压板螺钉固定工件

# 任务二 钻孔方法及注意事项

## 一、一般工件的钻孔方法

1. 工件的画线

按钻孔的位置及尺寸要求,画出孔的十字中心线,并在孔的中心打上样冲眼。样冲眼要小,中心要与十字中心线的交叉点重合。按孔径的大小画出孔的圆周线。对较大尺寸的孔径,还要画出几个大小不等的检查圆,以便钻孔时可及时检查与纠正孔的位置。当对孔的位置精度要求较高时,为了避免在打中心样冲眼时产生偏差,也可以直接画出以孔中心十字线为对称轴线的几个大小不等的方框,作为钻孔时的检查线,然后打上中心样冲眼。如图 6-22 所示。

2. 起钻

起钻时,先用钻头对准钻孔中心的样冲眼钻出一个浅坑,检查钻孔位置是否正确,并要不断纠正,使浅坑与画线圆(或找正圆)同轴。纠正的方法:若偏位较少,可在起钻的同时,用力将工件向偏位的反方向推移,达到逐步校正;若偏位较多,可在纠正方向上打几个样冲眼,或用油槽錾錾几条浅槽(图 6-23),以减小此处钻削阻力,达到纠正的目的。但无论用哪种方法,都必须在锥坑外圆直径小于钻头直径之前完成纠正过程。

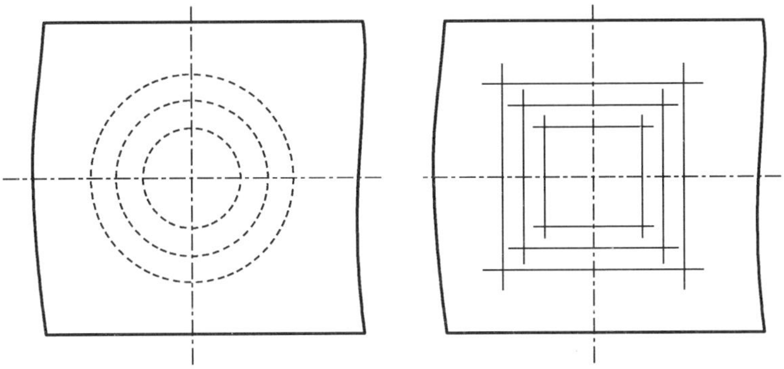

(a)检查圆　　(b)检查方框

图6－22　孔位检查线的形状

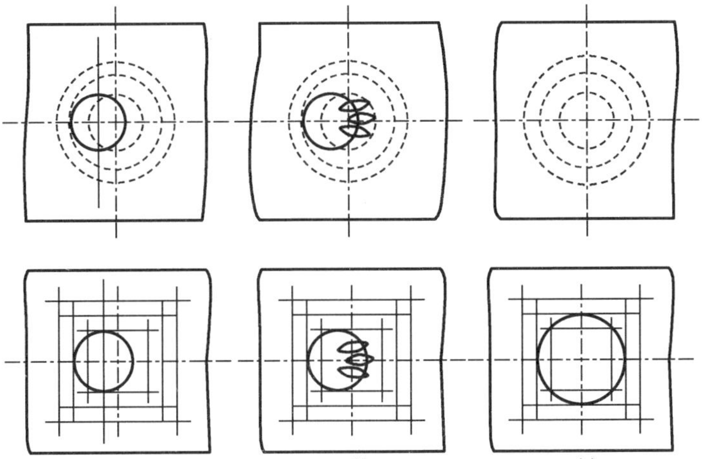

(a)　(b)　(c)

图6－23　用錾槽法纠正起钻偏差

3. 手动进给操作

当起钻达到钻孔的位置要求时，即可压紧工件完成钻孔工作。手动进给时，用力不能过大，否则易使钻头弯曲（用直径较小钻头钻孔时），造成钻孔轴线歪斜（图6－24）。钻小孔或深孔时，进给量要小，并要经常退钻排屑，以免切屑阻塞而使钻头折断。特别需要注意的是，在钻削深孔的过程中，当钻孔深度达到钻头直径的3倍时，一定要退钻排屑。当孔将要钻穿时，进给压力必须减小，以防造成安全事故。

4. 钻孔时的冷却

为了使钻头在钻削过程中的温度不致过高，应减小钻头与工件、切屑之间的摩擦阻力，以及清除黏附在钻头和工件表面上的积屑瘤和切屑，进而达到减小切削阻力、延长钻头使用寿命和改善钻孔表面质量的目的，钻孔时要加注充足的切削液。结构钢、工具钢、紫铜、铝合金等在钻孔时需加乳化液冷却润滑。冷硬铸铁一般不加或加5%～8%的乳化液，铸铜、胶木等不需加冷却液。

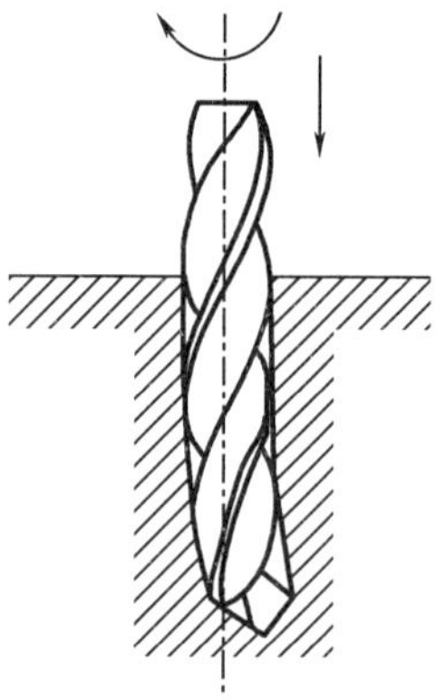

图 6-24 钻头弯曲使钻孔轴线歪斜

## 二、常见孔加工方法

1. 钻通孔

在孔快要钻穿时,必须减小走刀量,变自动走刀为手动走刀。避免钻头钻穿孔的瞬间因走刀量骤然增大(横刃不工作了,轴向力减小,走刀机构、工作台等的弹性变形恢复)而"啃刀",影响加工质量,甚至损坏钻头。

2. 钻盲孔(不通孔)

钻盲孔时,要按钻孔深度调整好钻床上的挡铁,采用深度标尺或其他控制钻孔深度的办法,以免孔钻得过浅或过深。注意孔尖不计入深度尺寸。

3. 钻深孔

一般钻进深度达到直径 3 倍时,钻头必须退出排屑,此后每钻进一些就应退出钻头排屑。并应注意冷却钻头,防止因切屑堵塞使钻头过热而退火。

4. 钻大孔

直径超过 30 mm 的孔一般分两次钻。第一次用 0.6~0.8 倍孔径的钻头钻孔,第二次再用所需直径的钻头扩孔。这样做可以削弱钻削时的轴向阻力,保护机床。扩孔时应保证扩孔钻头两条主切削刃长度相等、对称,否则会使孔径扩大。

5. 钻半圆孔

钻半圆孔时需要将工件对合起来钻孔。如果工件上要钻半圆孔,则必须另找一块与工件同样材料的垫铁与工件拼在一起钻削。

6. 在斜面上钻孔

用普通钻头在斜面上钻孔时,为避免钻头偏斜滑移、孔钻歪斜等情况发生,可先用铣刀或錾子在所需钻孔的斜面上铣出一个平台，然后再用钻头钻孔。或者用錾子在斜面上錾出一个小平面，在孔中心位置打上样冲眼并用小钻头钻出锥坑，这样钻头有了定心坑就不会偏了。

7. 对合螺钉（销）孔（俗称骑缝孔）

机器装配过程中，常需在两个零件之间打对合孔。若两个零件的材料相同，则很容易钻；若两个材料不同，一硬一软，则钻孔前，中心点的样冲要打在材料硬的零件上，即钻头预先往硬材料零件一边"借"。钻削过程中，由于两种材料的切削阻力不同，钻头会朝软材料一边偏移，最后钻出的孔正好在两个零件的中间，符合要求。

## 三、钻孔安全技术

钻孔前检查钻床的传动部分和润滑情况，准备好刀具和安装工件用的工夹具等。安装工件要牢固，不允许有松动现象。

钻孔时工件一定要压紧（除在较大工件上钻小孔外）。在孔要钻穿时应特别小心。尽量减小进刀量，以防进刀量突然增大而发生工件甩出等事故。

钻孔时不允许戴手套，手中也不允许拿棉纱头，以免不小心被铁屑勾住发生人身伤害事故；不允许用手去拉切屑和用嘴吹碎屑。应尽量在停车时清除，用钩子或刷子消除切屑。

钻孔时，工作台上不准放置刀具、量具及其他物品；钻通孔时，工件下面必须垫上垫块或使钻头对准工作台的槽，以免损坏工作台；车未停妥不准去捏钻夹头；松、紧钻夹头必须用钥匙，不准用手锤或其他东西敲打；钻头从钻头套中退出时要用斜铁敲出；钻床变速前应先停车。

使用电钻时（低压及双层绝缘的电钻除外）应戴橡胶手套和穿胶鞋（或站在绝缘板上），以防触电。在工作中要随时注意站立的稳定性，以防滑倒。

## 四、钻孔时的废品分析

钻孔时产生废品的原因是钻头刃磨不准确，钻头或工件装夹不妥当，切削量选择不当和操作不正确等（表6－1）。

**表6－1　钻孔时的废品分析**

| 废品形式 | 产生原因 |
| --- | --- |
| 孔径大于规定尺寸 | 1. 钻头两切削刃长度不等，角度不对称；<br>2. 钻头摆动（钻头弯曲、钻床主轴有摆动、钻头在钻夹头中未装好、钻头套表面不清洁等引起） |

**表6－1(续)**

| 废品形式 | 产生原因 |
| --- | --- |
| 孔壁粗糙 | 1. 钻头不锋利；<br>2. 进给量太大；<br>3. 后角太大；<br>4. 冷却润滑不充分 |
| 钻孔偏移 | 1. 画线或样冲眼中心不准；<br>2. 工件装夹不稳固；<br>3. 钻头横刃太长；<br>4. 钻孔开始阶段未纠正 |
| 钻孔歪斜 | 1. 钻头与工件表面不垂直(工件表面不平整和工件底面有切屑等污物所造成的)；<br>2. 进给量太大，使钻头弯曲；<br>3. 横刃太长，定心不良 |

## 五、钻头损坏原因

钻孔时钻头损坏原因有钻头用钝、切削用量不当、排屑不畅、工件装夹不妥和操作不正确等，具体原因见表6－2。

**表6－2　钻头损坏的形式及其原因**

| 损坏形式 | 产生原因 |
| --- | --- |
| 钻头工作部分折断 | 1. 用钝钻头钻孔；<br>2. 进给量太大；<br>3. 切削在钻头螺旋槽内塞住；<br>4. 孔刚钻穿时，进给量突然增大；<br>5. 工件松动；<br>6. 钻薄板或铜料时钻头未修磨；<br>7. 钻孔已歪斜而继续工作 |
| 切削刃迅速磨损 | 1. 切削速度太快，而冷却润滑液又不充分；<br>2. 钻头刃磨未适应工件的材料 |

# 任务三　扩孔和锪孔

## 一、扩孔

扩孔是利用扩孔钻或麻花钻对工件已有的孔进行扩大的操作，如图 6－25 所示。扩孔时无横刃切削，且切削深度小，故切削阻力比钻孔时小，切削时省力。

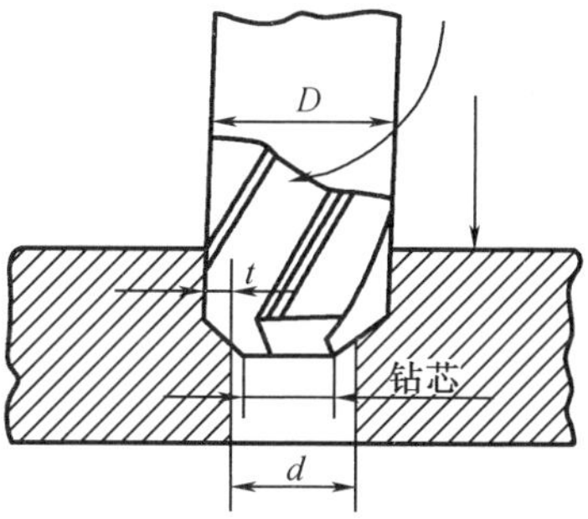


**图 6－25　扩孔**

由于扩孔钻刚性好，切削平稳，所以扩孔可提高孔的尺寸精度，减少表面粗糙度。扩孔后公差等级可达 IT10～IT9，表面粗糙度可达 $Ra2.5\ \mu m \sim Ra6.3\ \mu m$。

扩孔常作为孔的半精加工或铰孔前的预加工，扩孔时进给量为钻孔进给量的 1.5～2 倍，切削速度为钻孔速度的 1/2。

实际生产中，常用麻花钻代替扩孔钻使用，扩孔钻多用于大批量生产，当孔径大于 30 mm 时，先用 0.5～0.7 倍孔径麻花钻头钻孔，再用等于扩孔孔径的钻头扩孔，效果较好。

扩孔时切削深度 $t$ 按下式计算

$$t = \frac{D - d}{2} \quad (\text{mm})$$

式中　$D$——扩孔后的孔径，mm；

　　　$d$——预加工孔径，mm。

## 二、锪孔

锪孔是指用锪孔刀具在空口表面加工出一定形状的孔或表面，例如锪圆柱形沉孔（图 6－26(a)）、锪锥形沉头孔（图 6－26(b)）、锪凸台平面（图 6－26(c)）。

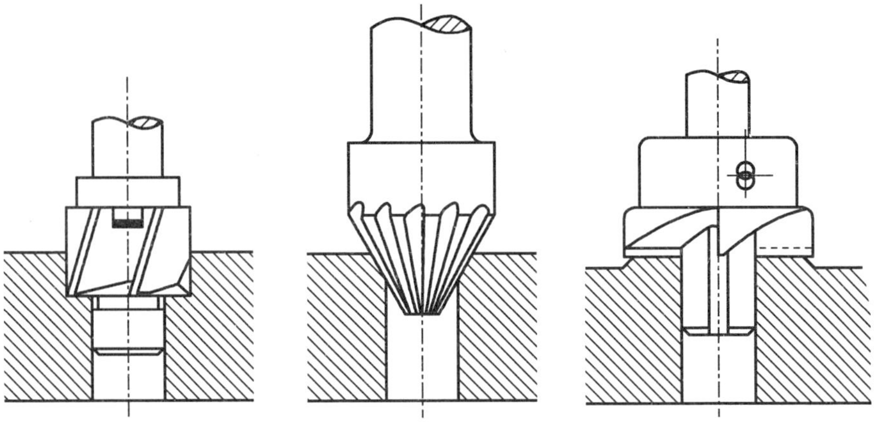

(a)锪圆柱形沉孔　(b)锪锥形沉头孔　(c)锪凸台平面

**图 6－26　锪孔形式**

1. 锪钻的种类

锪钻是标准刀具，由专业工厂制造，当没有标准锪钻时，也可用麻花钻或高速钢刀片改制成锪孔刀具。

(1)柱形锪钻

柱形锪钻(图 6－27)适用于加工六角螺栓、带垫圈的六角螺母、圆柱头螺钉、圆柱头内六角螺钉的沉头孔。

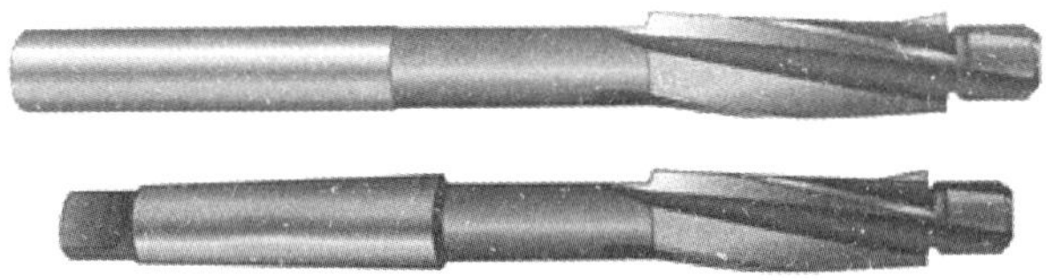

**图 6－27　柱形锪钻**

当没有标准柱形锪钻时，也可以用麻花钻改制成柱形锪钻，如图 6－28 所示。一般选用比较短的麻花钻，在磨床上把麻花钻的端部磨出圆柱形导柱。端面切削刃用薄片砂轮磨出，后角一般为 $\alpha_o = 8°$。麻花钻的螺旋槽与导柱面形成的刃口要用油石修钝。图 6－28(b)所示为不带导柱的平底锪钻。

(2)锥形锪钻

锥形锪钻适用于加工沉头螺钉的沉头孔和倒角等。

锥形锪钻的锥角 $2\phi$ 根据工件沉头孔的不同要求，有 60°、75°、90°及 120°四种，其中 90°锥形锪钻使用最多(图 6－29)。

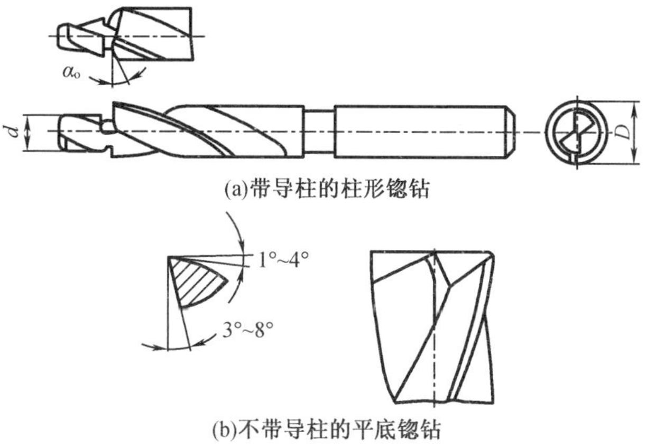


**图 6－28　麻花钻改制的柱形锪钻**

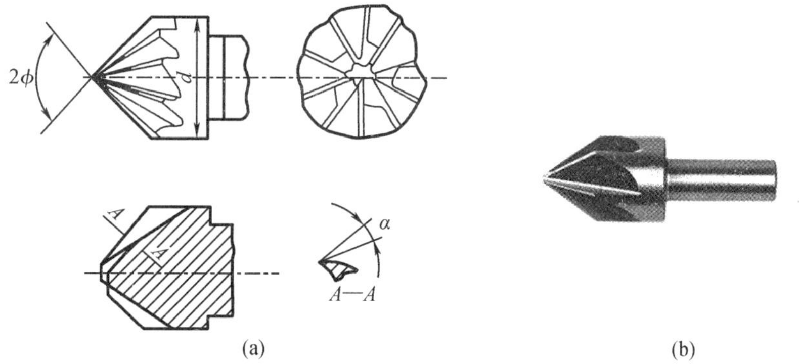


**图 6－29　锥形锪钻**

锥形锪钻也可用麻花钻改制后代替，其锥角 $2\phi$ 按沉头孔所需角度确定。为了保证锪出的锥形沉头孔表面的粗糙度较小，后角磨得小些，一般取 $\alpha_o = 6° \sim 10°$，并有 1～2 mm 的消振棱，麻花钻外缘处的前角也磨得小些，一般取 $\gamma_o = 15° \sim 20°$，切削刃要磨得对称，如图 6－30 所示。

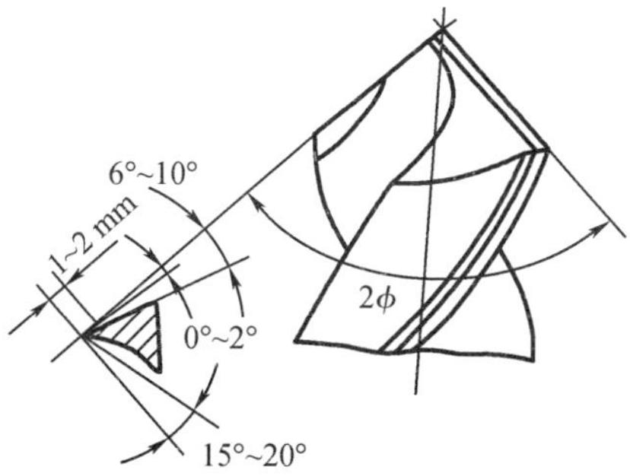


**图 6－30　麻花钻改制的锥形锪钻**

(3)端面锪钻

端面锪钻适用于加工螺栓孔凸台、凸缘表面。多齿端面锪钻(图6-31)只在端面上有切削刃。多齿端面锪钻的刀体为套式,使用时与刀杆相配,依靠紧定螺钉传递转矩。刀杆的圆柱部分伸入工件已有孔内,起导向作用,保证锪削的平面与孔中心线垂直。为了提高锪钻的使用寿命,一般在刀体上镶有硬质合金刀片。

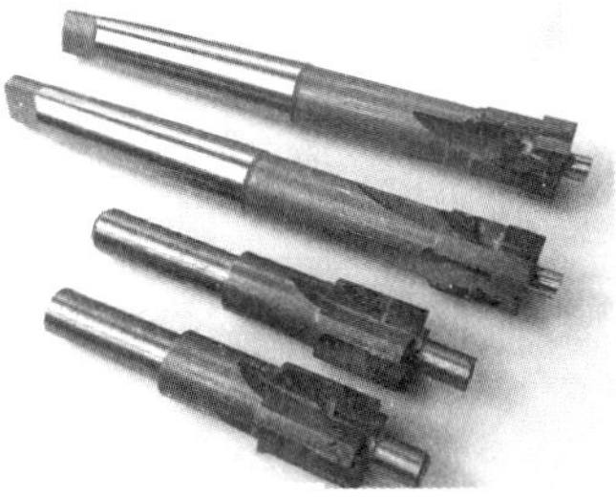

**图6-31　多齿端面锪钻**

在生产实践中也常用镗刀杆和高速钢刀片组成简单的端面锪钻。高速钢刀片与镗刀杆上的方孔以h6的间隙配合,刀片切削刃必须与刀杆轴线保持垂直。刀片装入刀杆方孔后用螺钉固定。镗刀杆的端部直径与工件已有孔采用f7间隙配合,以保证良好的导向作用,使锪出的端面与孔中心线垂直。刀片的几何参数根据被加工零件的材料确定:锪铸铁时 $\gamma_o=5°\sim10°$,锪钢时 $\gamma_o=5°\sim10°$,后角 $\alpha_o=6°\sim8°$,副后角 $\alpha'_o=4°\sim6°$,如图6-32所示。

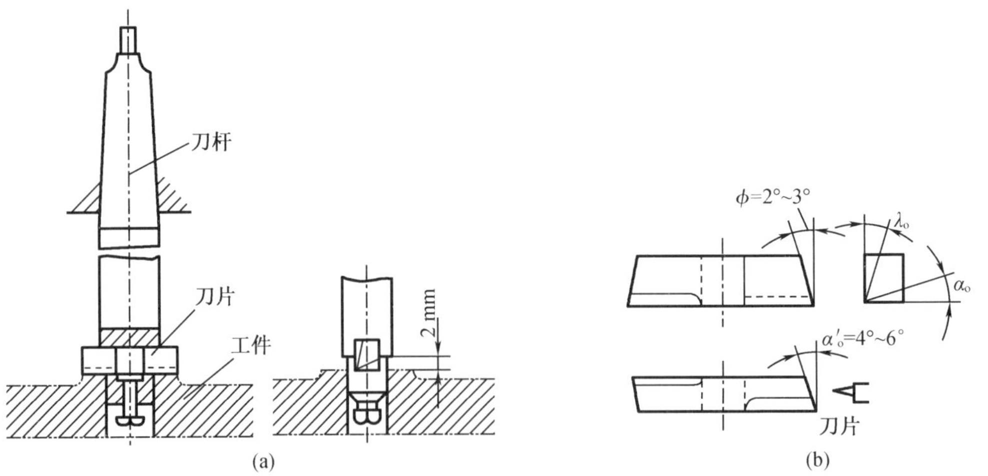


**图6-32　简单端面锪钻**

2. 锪孔的操作要点

锪孔方法与钻孔方法基本相同。锪孔操作不当，容易在所锪平面或锥面上出现振痕。为避免这种现象，应注意以下几点：

(1)用麻花钻改制的锪钻要尽量短，以减少锪削过程中的振动。

(2)锪钻的前角、后角不能太大，后面上要修磨一条零后角的消振棱。

(3)用麻花钻改制的锪钻锪削圆柱形沉孔之前，先用相同规格的普通麻花钻扩出一个台阶孔作为导向，其深度略浅于圆柱形沉孔的深度，然后锪平圆柱形沉孔的底面，如图6－33 所示。

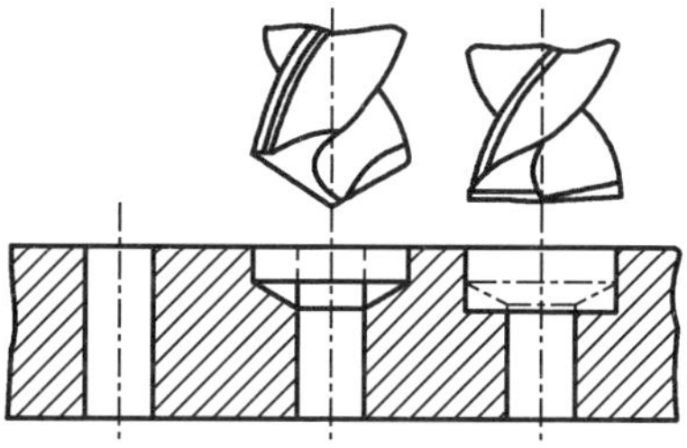

图 6－33　先扩孔后锪平

(4)锪削时的切削速度应比钻孔时低，一般为钻孔切削速度的 1/3 ~ 1/2，甚至利用钻床停机后主轴的惯性进行锪削。

(5)当锪至所需深度时，停止进给后应让锪钻继续旋转几圈，然后再提起。

(6)锪钻的刀杆和刀片都要装夹牢固，工件也要夹紧。

(7)锪削钢制零件时，要在锪削表面添加切削液，在导柱表面加润滑油。

3. 锪孔时常见弊病的产生原因和防止方法

如果锪钻的几何参数选择不当，锪钻和工件装夹不当，切削用量选择不适当和操作不正确，就会产生废品，具体分析见表 6－3。

表 6－3　锪孔时常见弊病的产生原因和防止方法

| 弊病形式 | 产生原因 | 防止方法 |
|---|---|---|
| 锥面、平面呈多角形 | 1. 前角太大，有扎刀现象；<br>2. 锪削速度太高；<br>3. 选择切削液不当；<br>4. 工件或刀具装夹不牢固；<br>5. 锪钻切削刃不对称 | 1. 减小前角；<br>2. 降低锪削速度；<br>3. 合理选择切削液；<br>4. 重新装夹工件和刀具；<br>5. 正确刃磨 |

表 6－3(续)

| 弊病形式 | 产生原因 | 防止方法 |
| --- | --- | --- |
| 平面呈凹凸形 | 锪钻切削刃与刀杆旋转轴线不垂直 | 正确刃磨和安装锪钻 |
| 表面粗糙度差 | 1. 锪钻几何参数不合理；<br>2. 选用切削液不当；<br>3. 刀具磨损 | 1. 正确刃磨；<br>2. 合理选择切削液；<br>3. 重新刃磨 |

# 任务四　铰　　孔

铰孔是用铰刀对已加工的孔进行精加工，其公差等级可达 IT9～IT7 级，表面粗糙度值可达 $Ra3.2\ \mu m \sim Ra0.8\ \mu m$。

## 一、铰刀

铰刀是用于铰削加工的刀具。它有手用铰刀(直柄，刀体较长)和机用铰刀(多为锥柄，刀体较短)之分。铰刀的切削刃比扩孔钻多 6～12 个，且切削刃前角孔 $\gamma_o = 0°$，并有较长的修光部分，因此加工精度高，表面粗糙度低。铰刀多为偶数个刀刃，并成对地位于通过直径的平面内，便于测量直径的尺寸。手铰切削速度低，不会受到切削热和振动的影响，是对孔进行精加工的一种方法。

各种常用铰刀及其特点如下。

1. 整体式圆柱铰刀

机铰刀柄部有圆柱形和圆锥形两种，铰刀通过钻套可直接接在主钻或摇壁钻主轴上，靠机床引导其铰削方向进行铰孔；手铰刀末端为方头，其切削部分比机铰刀长得多，可夹在铰杠内，手铰刀铰孔时速度低，靠校准部分导向，所以校准部分较长，倒锥很小(0.005～0.008 mm)，没有圆柱部分。整体式圆柱铰刀结构组成如图 6－34 所示。

2. 可调节手铰刀

可调节手铰刀的直径可用螺母调节，多用于单件和修配时的非标准通孔。其结构如图 6－35 所示。调节前后螺母，使刀片沿槽移动，改变铰刀直径，以适应加工不同孔径的需要。

3. 锥铰刀

锥铰刀用来铰削圆锥孔，其结构如图 6－36 所示。一般有 1:10 锥铰刀、0～6 号莫氏锥铰刀、1:30 锥铰刀、1:50 锥铰刀、1:10 锥铰刀和莫氏铰刀几种形式，切削量较大，一般做成 2～3 把一套。

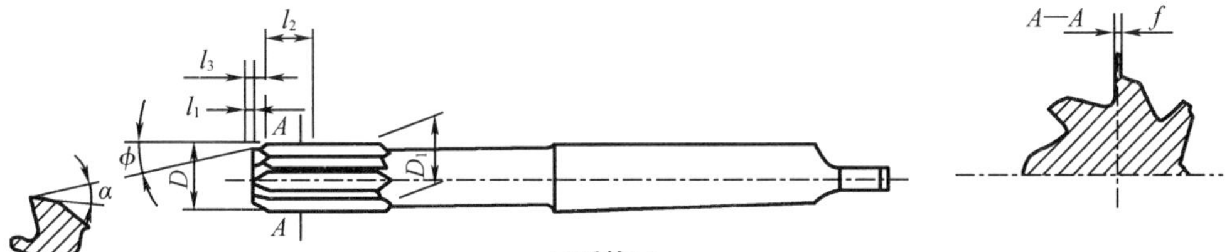


(a)手铰刀

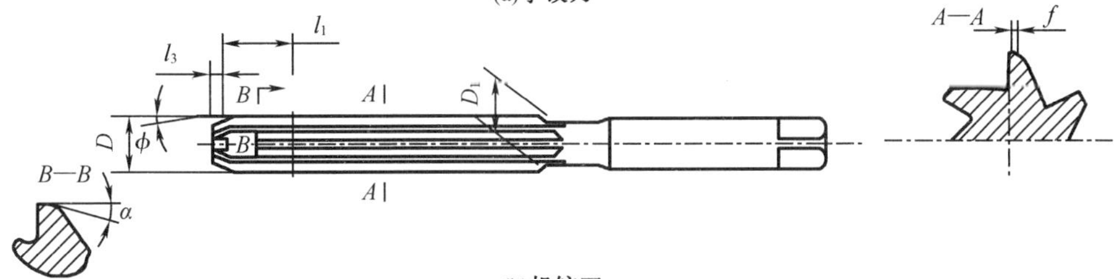


(b)机铰刀

**图 6－34　整体式圆柱铰刀**

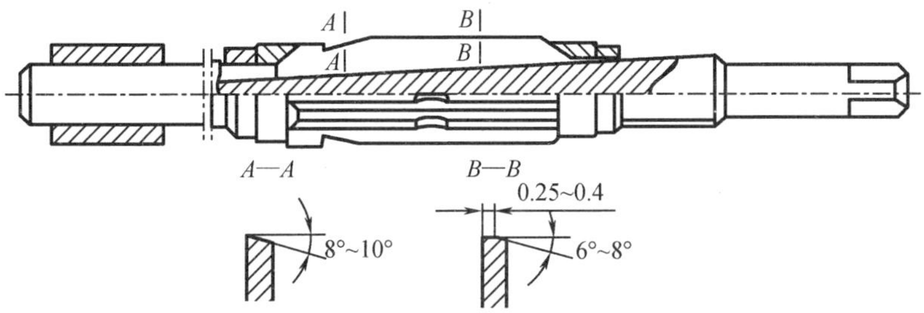


**图 6－35　可调式手铰刀**

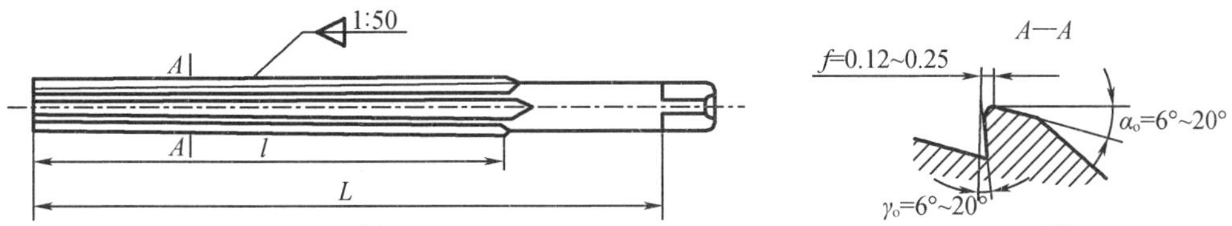


(a)　　(b)

**图 6－36　锥铰刀**

4. 螺旋槽手铰刀

螺旋槽手铰刀常用于铰削有键槽的孔，螺旋槽的方向一般为左旋，其结构如图 6－37 所示。这种铰刀铰削平稳，铰削的孔光滑，有键槽的孔多用此铰刀铰削。

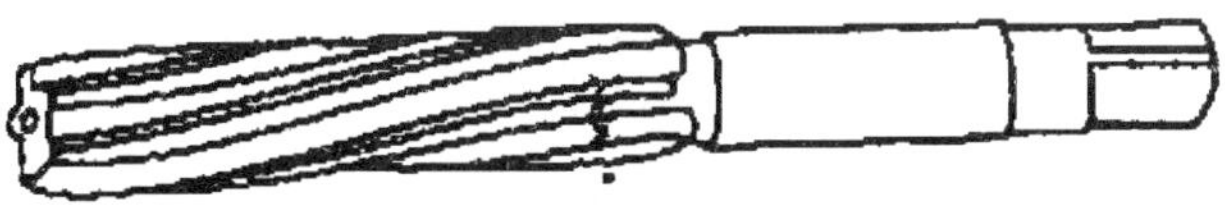

**图 6－37　螺旋槽手铰刀**

5. 硬质合金机铰刀

硬质合金机铰刀采用镶片式结构，适用于高速铰削和硬材料铰削，其结构如图 6－38 所示。

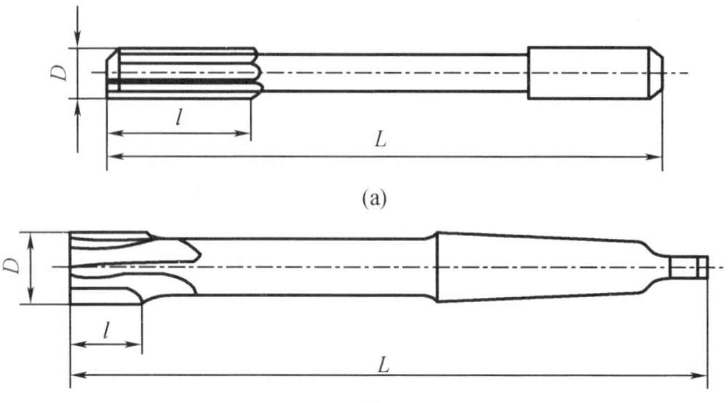


图 6－38　硬质合金机铰刀

## 二、铰孔方法

（1）根据孔的公差等级和表面粗糙度确定工艺过程。一般当孔径小于 $\Phi$40 mm 的孔，要求公差等级为 IT9～IT8，表面粗糙度为 $Ra$2.5 μm～$Ra$1.25 μm 时，加工过程是先钻孔后扩孔，再粗铰和精铰。

（2）铰孔余量不能过大或过小，否则影响铰孔质量。

（3）铰孔操作方法如下：

①工件要夹牢、夹正，使铰刀与孔中心同轴。

②手工铰削时，两手用力均匀，转动和进刀要平稳，不能摇摆。

③注意改变每次铰刀停歇位置，避免在孔壁形成振痕。

④铰时铰刀不能反转，以免刀刃磨钝或崩刀。

⑤铰制钢件时，要及时清除粘在刀齿上的切屑及刀瘤。

⑥铰削 1:10 和莫氏锥孔时，因铰削余量大，故铰削前要钻成阶梯孔，使各段余量均匀，如图 6－39 所示。

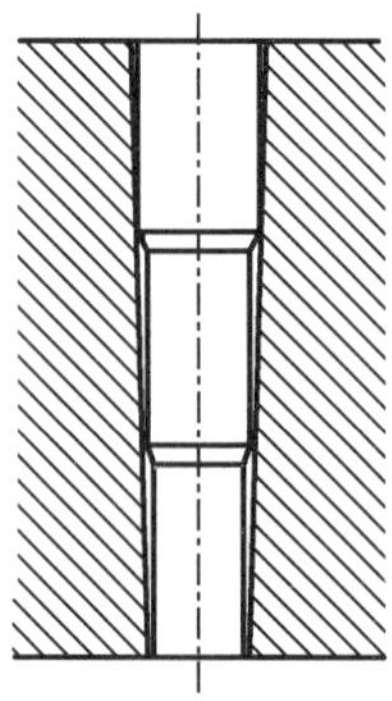

图 6－39　钻阶梯孔铰削

⑦用手铰刀铰孔前，铰刀直径要用千分尺检查。

(4)为保证铰孔的表面质量和减少铰刀磨损，必须用切削液冷却和润滑，切削液的选用见表6－4。

**表6－4　铰孔用切削液**

| 加工材料 | 选用切削液 |
| --- | --- |
| 钢 | 1. 10%～20%乳化液；<br>2. 铰孔要求高时，采用30%菜油加70%肥皂水；<br>3. 铰孔的要求更高时，可用柴油、猪油等 |
| 铸铁 | 1. 不用；<br>2. 煤油，但会引起孔径缩小，最大缩小值达0.02～0.04 mm；<br>3. 低浓度的乳化液 |
| 铝 | 煤油 |
| 铜 | 乳化液 |

# 项目七　攻丝和套丝

用丝锥（丝攻）在孔中内表面切削出内螺纹称为攻丝；用板牙在圆柱外表面切出螺纹称为套丝。

## 任务一　攻　　丝

### 一、丝攻工具

1. 丝攻

丝攻分机用丝攻和手用丝攻，如图 7－1 所示。丝攻由柄部和工作部分组成：柄部有方榫，是攻螺纹时用于夹持在绞手内的部分，起传递扭矩的作用。工作部分由切削部分（$L_1$）和校准部分（$L_2$）组成。切削部分的前角一般为 8°～10°，后角一般为 6°～8°；校准部分具有完整的牙型，用来修光和校准已切削出的螺纹，并引导丝攻沿轴向运动，校准部分的后角为 0°。丝攻的规格刻在柄部。

攻螺纹时，为减小切削力和延长丝攻使用寿命，整个切削工作由几支丝攻来共同承担。通常 M6～M24 的丝攻每一套有两支，M6 以下及 M24 以上的丝攻每一套有三支，这是因为小螺丝攻强度不高，容易折断，所以备三只，而大螺丝攻切削量大，需要几次逐步切削，所以也做成三只一套。细牙螺纹丝攻不论大小均为两支一套。三支一套的螺丝攻按头攻负荷 60%、二攻 30%、三攻 10% 来分配切削量，如图 7－2 所示。两支一套的螺丝攻按头攻负荷 75%、二攻负荷 25% 来分配，这样分配切削量，丝攻磨损均匀，使用寿命较长，攻丝时也较省力。

2. 铰杠

铰杠是手工攻螺纹时用来夹持丝攻的工具。铰杠分为普通铰杠（图 7－3）和丁字形铰杠（图 7－4），它们又各有两种形式。手工攻丝必须用绞手夹住丝攻的柄部方榫处，转动绞手带动丝攻旋转。

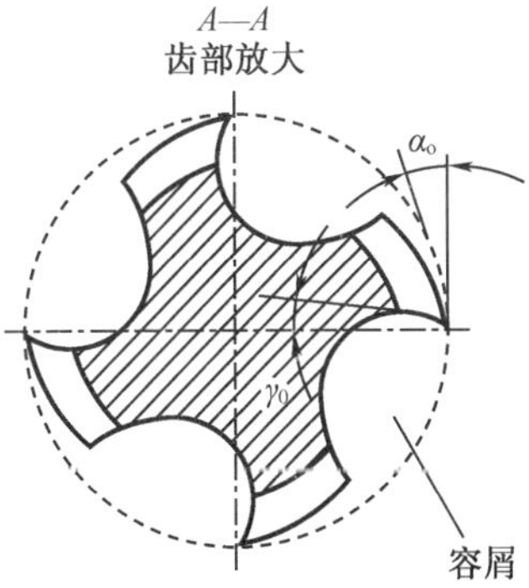


(a)切削部分齿部放大图

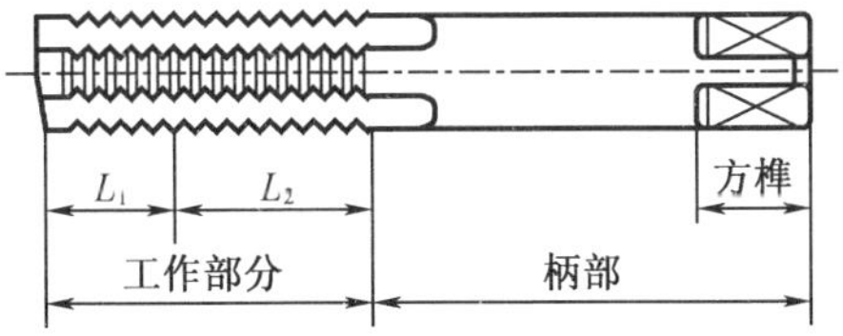


(b)手用丝锥

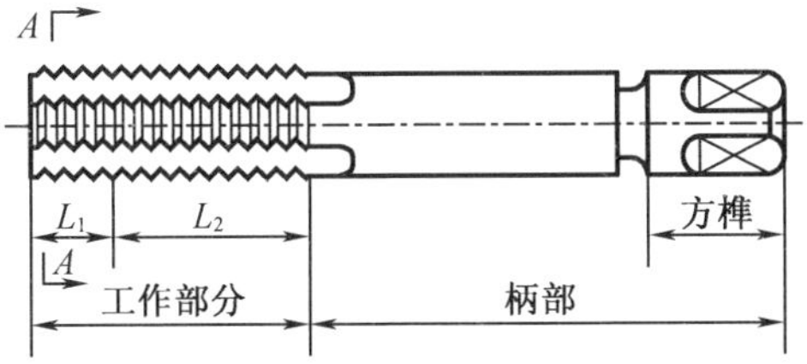


(c)机用丝锥

**图 7－1　丝攻**

(a)锥形分配(等径丝攻)

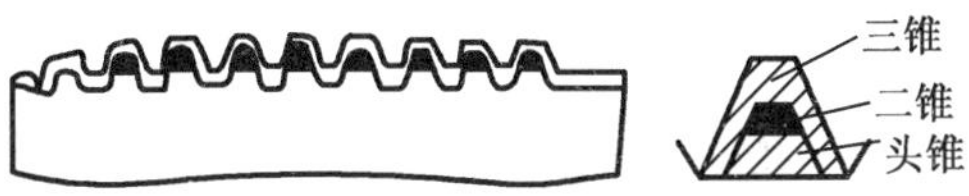


(b)柱形分配(不等径丝攻)

**图 7－2　成套丝攻切削负荷分配方法**

(a)固定铰杠

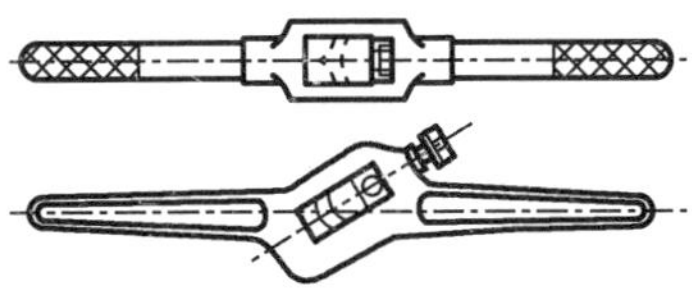

(b)活动铰杠

**图 7－3　普通铰杠**

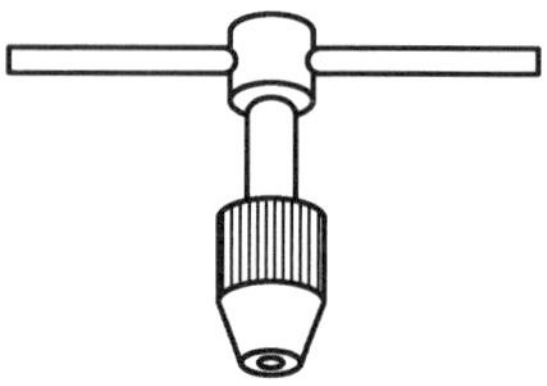

(a)可调节丁字形铰杠

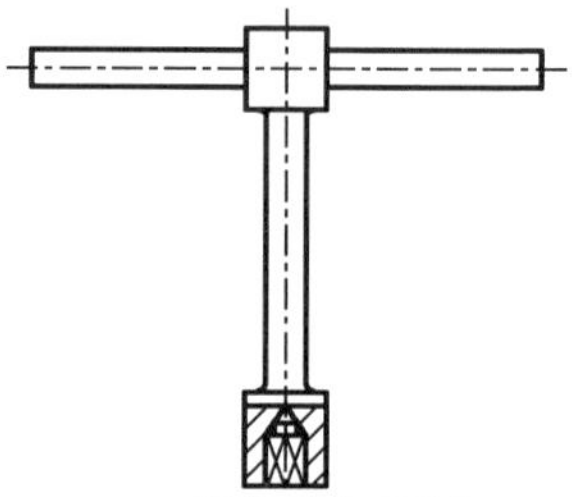

(b)固定丁字形铰杠

**图 7-4　丁字形铰杠**

## 二、底孔直径与孔深的确定

1. 底孔直径的确定

由于材料的韧性不同,挤压后隆起的程度也不一样,因此底孔直径要根据材料的性质来决定,其方法有下述两种。

一种是查表法,见表 7-1。

**表 7-1　攻普通螺纹时底孔的直径**　(单位:mm)

| 螺纹直径 | 普通螺纹 | | 第一细牙螺纹 | | 第二细牙螺纹 | | 第三细牙螺纹 | |
|---|---|---|---|---|---|---|---|---|
| | 生铁、青铜 | 钢、黄铜 | 生铁、青铜 | 钢、黄铜 | 生铁、青铜 | 钢、黄铜 | 生铁、青铜 | 钢、黄铜 |
| 2.6 | 2.15 | 2.15 | 2.25 | 2.25 | — | — | — | — |
| 3.0 | 2.5 | 2.5 | 2.65 | 2.65 | — | — | — | — |
| 3.5 | 2.9 | 2.9 | 3.15 | 3.15 | — | — | — | — |
| 4 | 3.3 | 3.3 | 3.5 | 3.5 | — | — | — | — |
| 5 | 4.1 | 4.2 | — | 4.5 | — | — | — | — |
| 6 | 4.9 | 5.0 | 5.2 | — | 5.5 | 5.5 | — | — |
| 7 | 5.9 | 6.0 | 6.2 | — | 6.1 | 6.5 | — | — |
| 8 | 6..6 | 6.7 | 6.8 | 6.9 | 7.1 | 7.2 | 7.4 | 7.5 |
| 9 | 7.6 | 7.7 | 7.8 | 7.9 | 8.1 | 8.2 | 8.4 | 8.5 |
| 10 | 8.3 | 8.4 | 8.8 | 8.9 | 9.1 | 9.2 | 9.4 | 9.5 |
| 11 | 9.3 | 9.4 | 9.8 | 9.9 | 10.1 | 10.2 | 10.4 | 10.5 |
| 12 | 10 | 10.1 | 10.5 | 10.9 | 10.8 | 10.9 | 11.2 | 11.2 |
| 14 | 11.7 | 11.8 | 12.3 | 12.4 | 12.8 | 12.9 | 13.2 | 13.2 |
| 16 | 13.8 | 13.8 | 14.3 | 14.4 | 14.8 | 14.9 | 15.2 | 15.2 |

但是在实际工作中查表很不方便，一般都采用经验公式来计算底孔直径 $d_1$。

公制螺纹硬材料：

$$d_1 = d - 1.2p$$

公制螺纹韧性材料：

$$d_1 = d - 1.1p$$

式中　$d$——螺纹外径，mm；

　　$p$——螺距，mm。

2. 攻不通孔时底孔深度的确定

攻不通螺孔时，由于丝攻切削部分不能绞制出完整的螺纹，钻孔深度至少要等于螺纹深度加上丝攻切削部分长度。这段长度大约等于螺纹外径的 0.7 倍，即钻孔深度 = 需要螺纹长度 +0.7$d$。

## 三、攻丝方法

攻螺纹前，要对底孔孔口进行倒角，且倒角处的直径应略大于螺纹的大径，而且通孔螺纹的两端都要倒角。这样丝锥起攻时容易切入材料内，并能防止孔口处被挤压出凸边。

装夹工件时，应尽量使螺孔的中心线处于竖直或水平位置，这样攻螺纹时容易观察到丝锥轴线是否垂直于工件平面。

起攻时，尽量把丝锥放正，然后再对丝锥加压并转动铰杠，如图 7 – 5 所示。当丝锥切入 1 ~ 2 圈后，应及时检验并校正丝锥的位置和方向。应对丝锥的正面和侧面都进行检查，以确保丝锥位置和方向的正确性。一般在切入 3 ~ 4 圈后，丝锥的位置和方向就可以基本确定，不允许再对明显的偏斜进行强制纠正。

当丝锥的切削部分全部切入工件后，只需转动铰杠即可，不能再对丝锥施加压力，否则螺纹牙形可能被破坏。在攻螺纹的过程中，两手用力要均匀，正转一圈或半圈要倒退 1/4 圈到 1/2 圈，使切屑碎断，易于排出，避免因切屑堵塞而使丝锥被卡住或折断。

攻不通孔螺纹时，要经常退出丝锥，及时排除孔内切屑；否则，会因切屑过多造成阻塞使丝锥折断或螺纹深度达不到要求。当工件不便倒出切屑时，可用磁棒将切屑吸出，或用弯曲的小管将切屑吹出。

攻塑性材料的螺纹孔时，要加注切削液，以减小切削阻力，减小螺纹牙型的表面粗糙度，并延长丝锥使用寿命。

使用成套丝锥攻螺纹时，必须按头锥、二锥、三锥的顺序进行攻削，直至达到标准尺寸。

攻丝的要领可归纳如下：

两手握柄压力均，旋转丝攻顺时转，绞出两牙需校正，进进退退压力停。

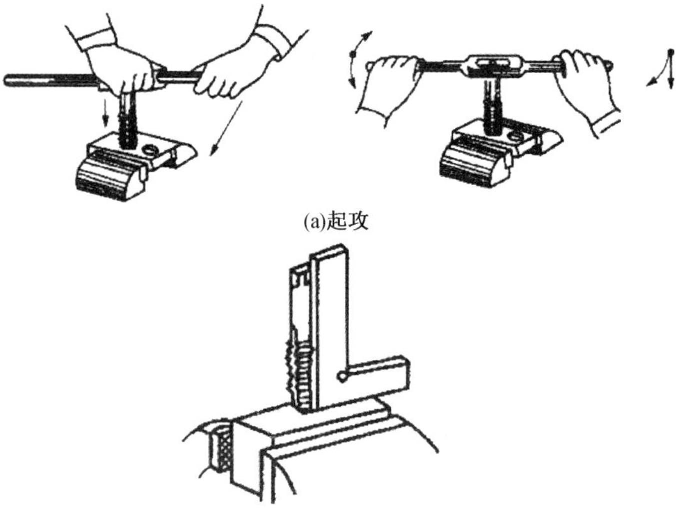

(a)起攻

(b)检查丝锥的垂直度

**图 7－5　攻丝方法**

## 四、丝攻折断原因和取出的方法

1. 丝攻折断的原因

(1)底孔直径太小,切削阻力大,强行攻丝造成折断。

(2)丝攻中心线与底孔中心线不吻合,造成切削阻力不匀,单边受力。

(3)绞手选择不当,绞手柄太长或柄两端用力不匀,用力过大等。

(4)工件材料太硬而黏,未及时加润滑液。

(5)攻不通孔时,未做螺纹深度记号以致丝攻碰到孔底而强行攻造成折断。

(6)攻丝过程中未及时回转以致造成切屑卡死而折断丝攻。

2. 螺丝攻折断在孔内后的取出方法

(1)可采用专用扳手或用三根钢丝插入丝攻三个出屑槽内反旋出来,如图 7－6 所示。

(2)如断丝攻尚有部分伸出孔外,可用钢丝钳夹住反旋出来,或用小錾子反方向凿出,如图 7－7 所示。

(3)当丝攻断于孔中很深而难以取出时,应将丝攻加热退火,用反牙丝攻倒退出来(丝攻直径较大的情况下也可用此方法)。

(4)在不影响工件使用的情况下,也可将很难取出的断丝攻进行退火,然后重新在原位钻大点的孔,改攻大一些的螺纹。

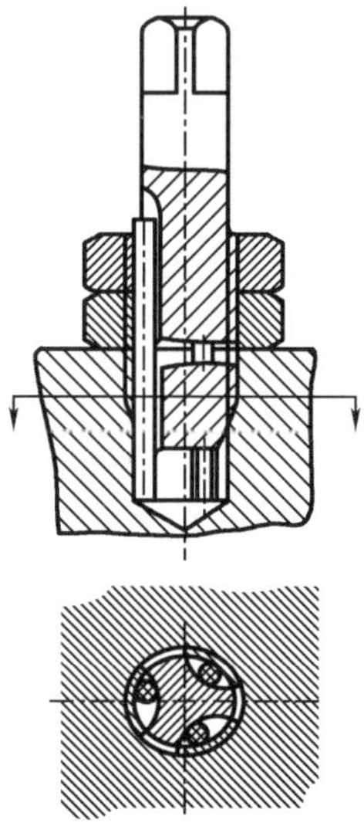

图 7－6　用弹簧钢丝插入攻槽中取出断丝攻方法

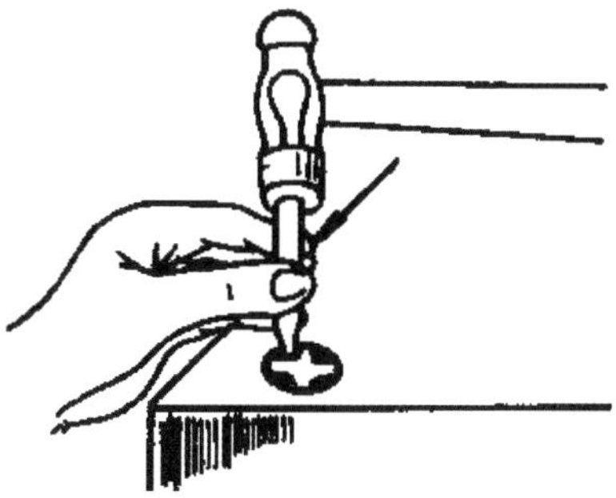

图 7－7　用錾子或冲头打丝攻断槽取出断丝攻方法

# 任务二　套　　丝

用板牙加工工件外螺纹的加工方法，称为套丝。

## 一、套丝工具

套螺纹用的工具有板牙（图 7－8）和板牙架（图 7－9）。

1. 板牙

板牙是套丝用的刀具，它具有与所绞制螺纹相同的螺纹。板牙两端的锥角部分是切削部分，当中具有完整齿深的一段是校准部分，也是套丝时的导向部分。板牙上有出屑孔，其主要用途是形成切削刀并排出切屑。出屑孔的数量由螺纹直径的大小来决定，一般为 3～8

个，板牙有封闭式和开槽式两种结构。另外还有一种管子板牙（图 7－10），其牙型角为 55°，螺纹配合后没有径向间隙，它的公称直径是指管子的内径，以英寸[①]为单位。

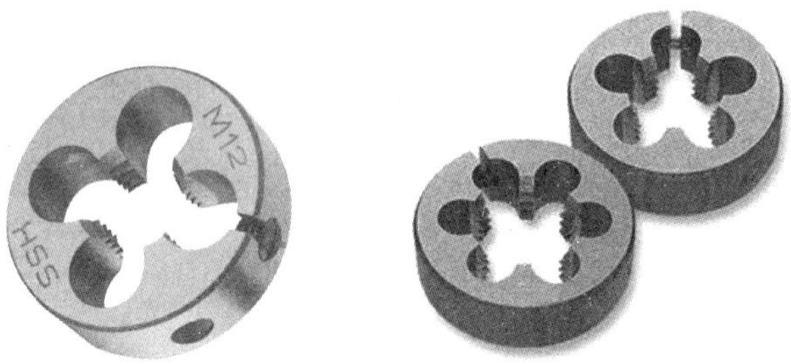


(a)封闭式　　(b)开槽式

图 7－8　板牙

图 7－9　板牙架

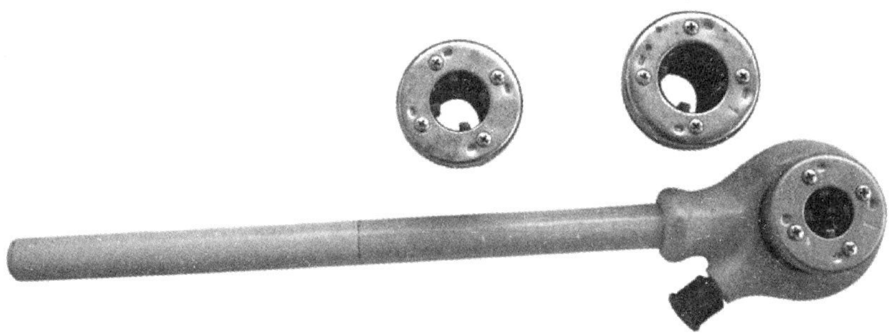

图 7－10　管子板牙

2. 板牙架（板牙绞手）

板牙架指用来带动板牙转动而进行套丝的工具。板牙装在板牙架上后应用止动螺丝顶紧。

① 1 英寸（in）＝2.54 cm。

## 二、套丝前圆杆直径的确定

同攻丝一样，由于材料的切削性能不同，塑性材料套丝时牙尖总要挤高一些，所以在塑性材料上套丝时，螺杆直径要比在脆性材料上套丝时小一些。各种螺纹套丝前圆杆直径可以通过查表确定，也可以通过计算来确定，公式为

$$d_{杆} = d - 10.13P$$

式中　$d_{杆}$——套螺纹前圆杆直径，mm；

$d$——螺纹大径，mm；

$P$——螺距，mm。

## 三、套丝方法

1. 棒料套丝

套丝前，先将棒料需套丝一端倒成15°～20°的斜角，然后把板牙切口朝下套在棒料上，并使板牙端面与棒料轴线垂直。开始套丝时，两手握柄距离要小，尽量靠拢些，加以适当压力，顺时针旋转。套出2～3牙后，用目测方法两边校正，检查是否歪斜，如不歪斜就可套下去。同攻丝一样，每旋转一圈要倒退1/4或1/2圈，以便切断并排出切屑。套好时要加适当冷却润滑液，以提高螺纹的表面粗糙度和延长板牙块的使用寿命。

套丝要领可归纳如下：

两手握柄近中心，切口朝下压力匀，
顺时旋转套二牙，两边校正免压进，
冷却润滑不可少，进切回断再进行。

2. 管子套丝

套丝前先根据管径选择好相应的板牙块，按牙块上的号码与板牙架上的牙块槽号码对应按顺序装上，旋转调径盘，牙块到位后将紧固手柄旋紧。管子夹在管虎钳上后，将板牙架套在管子一端。旋转导块扳手手柄，使三个导块与管壁相接触以保证板牙架在管子上的稳定性；然后加压力顺向转动手柄，套出2～3牙后去除压力，转动手柄套丝至完成。套完后将舒张手柄松开一点再转动一下板牙架，以便切断切屑；最后将舒张手柄完全松开，退出板牙架。注意在整个操作过程中要加适当的冷却润滑液以保证螺纹的质量。

管子套丝要领可简单归纳如下：

导板靠拢管，松开调径盘，
拉紧舒张柄，调整板牙径，
紧固调径盘，推力右下转，
丝出免推力，只需顺向转，
到头径放大，屑断松导板。

# 项目八　刮削和研磨

## 任务一　刮　　削

用刮刀在工件表面上刮掉很薄一层金属的操作叫刮削。刮削的主要作用是把工件经机械加工遗留下来的加工痕迹清除掉。刮刀在对工件表面切削时，由于刮刀具有负前角，对工件表面进行多次的反复推刮和压光作用，因此刮削后的表面组织要比机械加工件表面精度高、粗糙度好，因而滑动阻力小、磨损小。图 8－1 比较了刮削前后的工件表面情况。另外，通过刮削可把使用过的机械部件因磨损而形成不平的工作表面重新加工成合乎要求的光滑表面，以保证机械的正常运转。

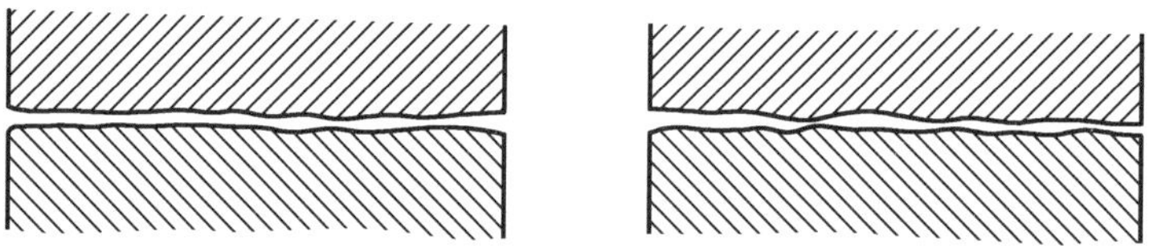

(a)未刮削的平面　　(b)刮过的平面

**图 8－1　刮削前后工件接触情况比较**

刮削工作有平面刮削和曲面刮削两类。平面刮削中，有单个平面的刮削，如刮研平板、平尺、平面导轨和工作台面等；组合平面的刮削，如刮研 V 形导轨面和燕尾导轨面等。曲面刮削中，有刮研圆柱面、圆锥面，如滑动轴承的轴瓦、锥孔、圆柱导轨面等；球面刮削，如配刮自位球面轴承、配合球面等；成形面刮削，如修刮齿条、蜗轮的齿面等。

### 一、刮削工具

1. 校准工具

校准工具有标准平板、校准直尺和角度直尺三种。校准平板用来检验宽的平面；校准直尺用来检验狭长的平面；角度直尺用来检验燕尾导轨的角度。船舶机械的实际修刮中常用两个滑动件互磨来检查。如图 8－2 所示。

(a)校准平板

(b)校准直尺　　(c)角度直尺

图 8－2　刮削校准工具

2. 平面刮刀

(1)平面刮刀的种类

按照刮刀的形状可将其分为直头刮刀和弯头刮刀两种。图 8－3(a)(b)所示为普通刮刀,是平面刮刀中最常见的一种,按所刮表面的精度及顶端角度又可分为粗刮刀、细刮刀、精刮刀三种。图 8－3(c)为活头刮刀,采用此种刮刀不仅可以节约优质金属材料,而且可以根据不同需要调换各种刀头。

(a)直头刮刀

(b)弯头刮刀　　(c)活头刮刀

图 8－3　平面刮刀

(2)平面刮刀的刃磨方法

①粗磨刮刀:把经淬火硬化的刮刀顶端放在砂轮搁架上磨平,如图 8－4 所示。然后把刮刀的宽平面和窄平面放在砂轮侧面上磨平或磨成 90°角。磨时应沾水冷却,以防刮刀头部退火发软。

②细磨刮刀:粗磨后的刮刀刀刃上留有极细的凹痕或毛刺,必须用油石加以细磨,刃磨方法如图 8－5 所示。先在油石上滴些煤油或机油,刃磨刮刀的顶端面,刃磨时刀身垂直于油石表面稍有前倾,同时也需横向刃磨刮刀的两侧面。这样顶面和侧面交替研磨,使毛刺断落。

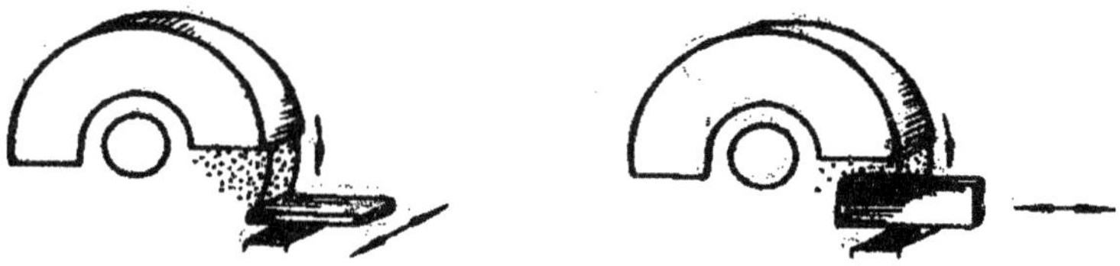

(a)　　　　　　　　(b)

图 8 - 4　粗磨刮刀

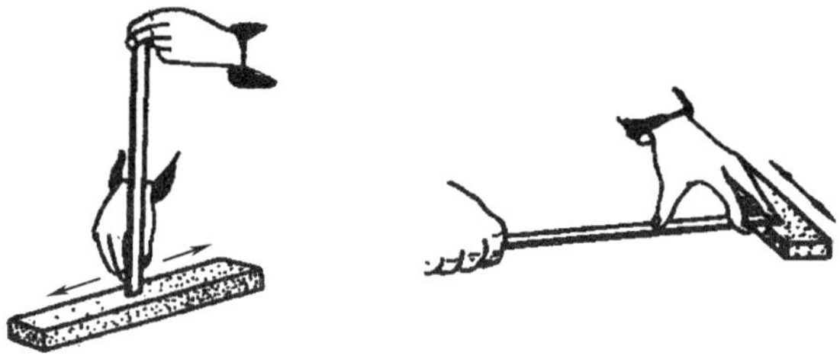

图 8 - 5　细磨刮刀

为磨出刮刀刃口的一定角度，刮刀的刃口和刃磨时的运动方向需交成一个较小的角度，其角度按粗、细、精刮的要求而定。如图 8 - 6(a)所示，粗刮刀为 90° ~ 92.5°，刀口平直，刮削量较大；细刮刀为 95°左右，刀刃稍带圆弧，切削量较小；精刮刀为 97.5°左右，刀刃带圆弧，刮削量较小；刮韧性材料刮刀可磨成正前角，但这种刮刀只适用于粗刮。刮刀平面应平整光洁，刃口无缺陷，无砂轮磨痕，顶端角度交线要直。图 8 - 6(b)所示的几种错误形状，刃磨时必须注意防止，否则刮刀刃口将不锋利。

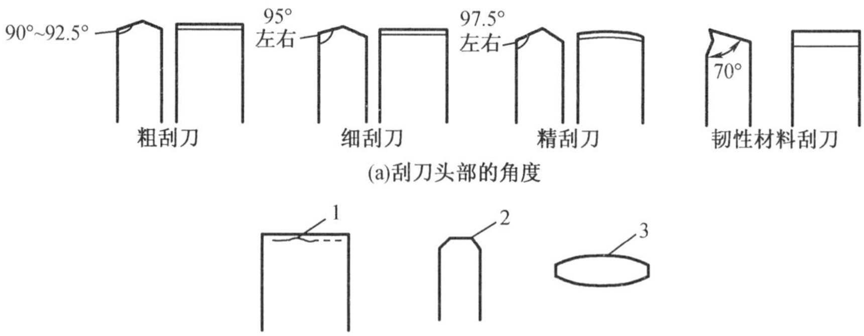


1—刀刃不光洁；2—刀刃不锋利；3—刀刃呈圆弧。

图 8 - 6　刮刀头部形状和角度

3. 曲面刮刀及刃磨方法

(1)曲面刮刀的种类

曲面刮刀用来刮削内曲面,如船舶主、辅机的轴瓦等。曲面刮刀可分为三角刮刀、柳叶刮刀和蛇头刮刀三种,如图 8－7 所示。三角刮刀也可由三角锉刀改制而成。

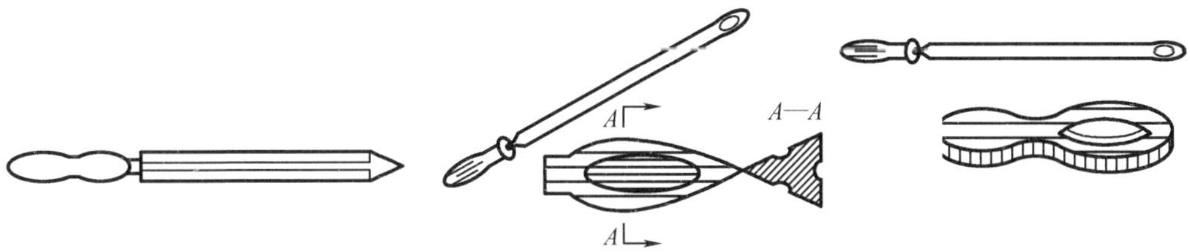


(a)三角刮刀　(b)柳叶刮刀　(c)蛇头刮刀

**图 8－7　曲面刮刀的种类**

(2)曲面刮刀的刃磨

曲面刮刀刃磨与平面刮刀刃磨类似,也可分为两步进行。粗磨时,以左手轻轻地把刃口压在砂轮上,右手握住刮刀柄使它依照刀口弧形摆动,同时在砂轮上移动。细磨时,油石上涂机油,把刮刀的两个刃同时放在油石面上,使刮刀的长度方向与油石的长度方向一致,右手握柄,左手轻压刀身,沿着油石来回移动,同时还要依照刀刃的弧形作上下摆动,直至刃磨合乎要求为止。如图 8－8 所示。

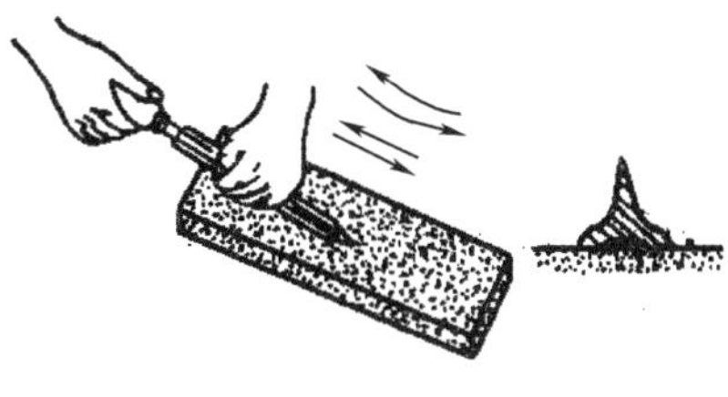

**图 8－8　在油石上精磨三角刮刀**

## 二、显示剂和刮削精度的检查

显示剂是用来显示刮削表面和标准表面之间的不平程度,检查接触面积大小和部位的涂料。显示剂应色泽鲜明,对工件没有磨损及腐蚀作用。

1. 显示剂的种类

(1)红丹粉

红丹粉分为氧化铝(呈橘黄色)和氧化铁(呈红褐色)两种。使用时,其用机油或牛油调和而成，多用于对黑色金属的显示。

(2)蓝油

蓝油是由普鲁士蓝粉和蓖麻油调和而成，多用于有色金属及精密工件的显示。

2. 显示剂的使用方法

显示剂可涂在工件表面上，也可涂在标准平板表面上。显示剂涂在工件上显示的研点，是红底，暗黑点，没有闪光，容易看清，一般可用于细刮。显示剂涂在标准平板表面上显示的研点是灰白色底，黑红色点，闪光炫目，不易看清，但切屑不易黏附在刀口上，刮削方便，一般可用于粗刮。平面和曲面的显示法如图 8－9 所示。

(a)平面显示法　　(b)曲面显示法

图 8－9　平面和曲面的显示法

显示剂在粗刮时，可涂得稍厚些，随着精度的提高而减薄，但涂布必须均匀。

3. 刮削精度的检查

检查刮削精度的方法有两种：

(1)以贴合点的数目来表示，即边长为 25 mm 的正方形框内点子数目越多精度越高(图 8－10)。

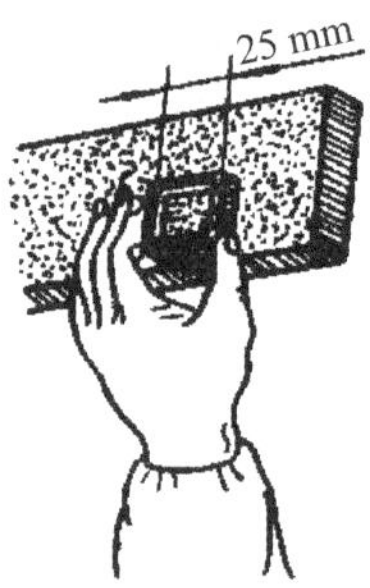


图 8－10　用方框检查研点

(2)用水平仪或百分表对刮削面进行中凸、中凹、波形及两导轨面的扭曲情况检查。

在船舶机械的实际修刮中，常用两个滑动件互磨来检查刮削精度。刮削质量的好坏，可根据刮削研点的多少、分布情况和表面粗糙度来确定。

## 三、平面刮削

1. 平面刮削的方法

(1)挺刮法

如图 8－11 所示，将刮刀柄顶在小腹右下侧，双手握住刀身(距刀刃约 80 mm 左右)。刮削时，利用腿和臂部的力量使刮刀向前推刮，刮刀开始向前推时，双手加压力，在推动后的瞬间，右手引导刮削方向，左手立即将刮刀提起，这样就完成了刮削动作。

**图 8－11　挺刮法**

(2)手刮法

如图 8－12 所示，右手握刀柄，左手握住刮刀头部(距刀头部约 50 mm)。刮削时，右臂利用上身摆动向前推，左手向下压，并引导刮削的方向，左足前跨，上身随着向前倾，这样可增加左手压力，也易看清刮刀前面的点子情况。双手如同挺刮一样动作，左手向下加压前推随即将刮刀提起。手刮法的推、压和提的动作都是依靠两只手臂的力量来完成的。

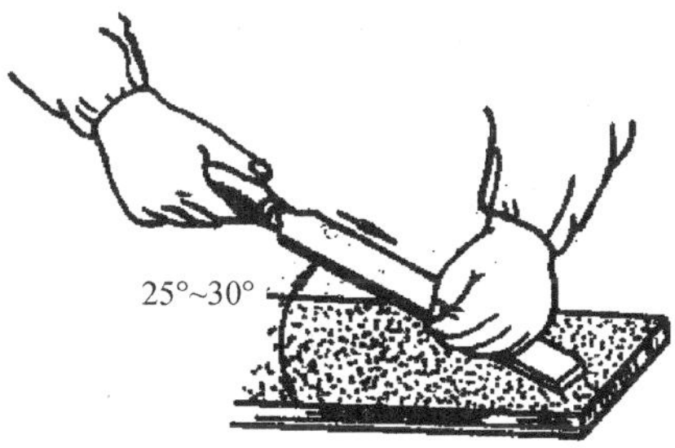


**图 8－12　手刮法**

(3)肩挺法

如图 8－13 所示，将刮刀柄顶在右肩处，双手握住刀杆，距离刀口 80 mm 左右，用右肩和上身的力量向前挺刮，双手下压刀杆，刮一段刀花后，立即提起刮刀。这种方法适用于工件较高而面积不太大的刮削,其刮削工件和研点的过程与手推式相同。

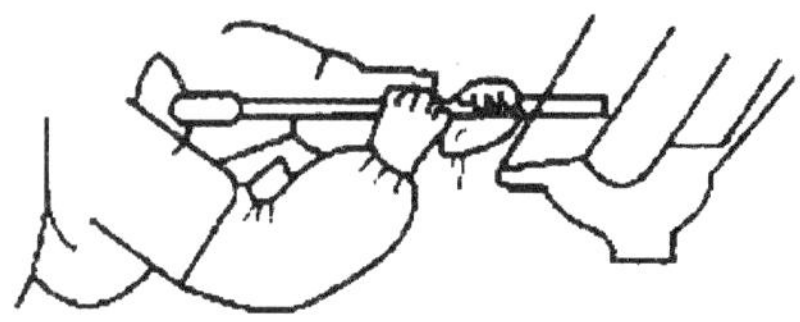

**图 8-13　肩挺法**

无论用什么样的刮法,其动作基本都是相似的,可简单归纳如下:

握好刮刀,前低后高;

对准高点,推压带挑;

过点提刀,一点一刀。

2. 平面刮削的步骤

(1)将工件放平稳,将刮削面擦干净(清除油污、铁锈、毛刺等)。

(2)在标准平板上均匀地涂上显示剂。

(3)粗刮。工件表面有显著加工痕迹、严重锈蚀或较多加工余量(0.1~0.25 mm)时,必须先进行粗刮。所谓粗刮就是刮削时用力大、刀印长,并使刀印连成一片。刮第二遍时,应与第一遍刀印约成30°~45°角,按此法刮削一两遍后,机加工纹路基本上可以消除。然后将工件放到涂有显示剂的标准平板上推磨(推磨时压力要均匀,走“8”字形),经推磨后显示的点子用刮刀刮掉。这样继续磨点子、刮削,直至整个工件刮削面上在边长为25 mm的正方形内有4~6个点子时为止。

(4)细刮。用涂好显示剂的标准平板校验工件的表面平面度,如显示出的点子硬(斑点发亮),就应刮重些,显示的点子软(斑点发暗),则应刮轻些,直至显示出的点子软硬均匀,无明显区别。在刮削过程中,随着出现的点子逐渐增多,显示剂涂布需薄而均匀,细刮时刀痕要短而连续,所以细刮刀的刀宽要小些或稍带圆弧以便对准点子。当边长为25 mm的正方形内能达到12~15个点子时细刮即可结束。

(5)精刮。显示剂应薄而均匀地涂布在工件表面上,使点子显示清晰。先刮最大最亮的点子,中点子在点子群中部刮去少许,小点子则留着不刮。这样刮削几遍后,直到小点子分布均匀为止。点子越多,落刀要越轻,起刀也应挑起,直到刮出边长为25 mm的正方形内有20~25个点子为止。

不论是粗刮、细刮还是精刮,都要交叉刮。即每刮一遍交换一个方向,使刮纹交叉,这样更易刮平。

(6)刮花。刮花的目的除增加美观性外,还能保证良好的润滑条件,并可根据花纹的消失情况来判断平面的磨损程度。一般常见的花纹如图8-14所示。

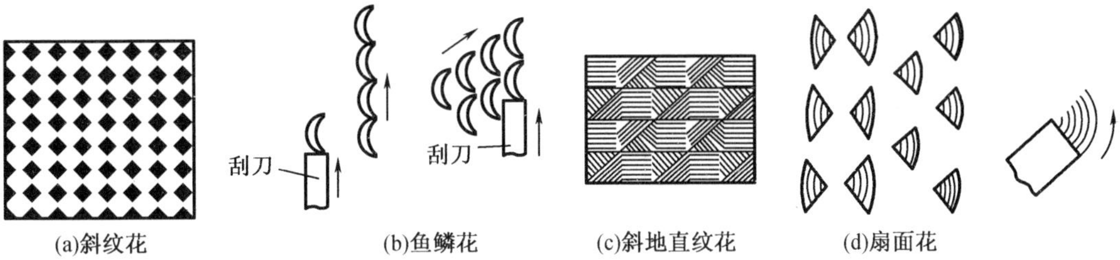


图 8－14　几种常见刮削花纹

3. 平面刮削的检测

平面刮削的检测主要是对平面度误差及表面粗糙度的检测。

(1)平面度误差的检测方法

①用研点的数目来表示。如图 8－15(a)所示,即在 25 mm×25 mm 标准方框内研点数目必须达到一定要求(精度要求愈高,研点数目亦愈多)。

②用平面水平度来表示。对大平面的工件用框式水平仪逐段测量,将各段测得的误差进行计算作图分析,对较小平面的工件用百分表测量,如图 8－15(b)所示。

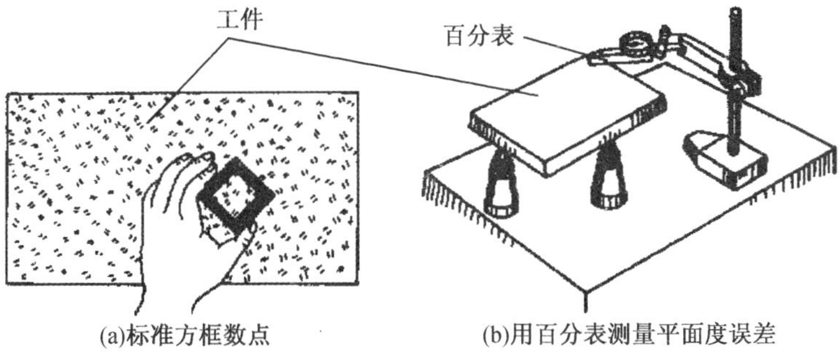


图 8－15　平面度误差的检测方法

(2)表面粗糙度的检测方法

表面粗糙度的检测,一般是用手掌来触摸表面粗糙程度,对表面精确度要求较高的工件,可采用轮廓仪来测量其 $Ra$ 或 $Rz$ 的值。

## 四、曲面刮削

1. 曲面刮削的方法

(1)手握式

如图 8－16 所示,手握式方法刮削曲面时,应该左手握刀杆,右手握刀柄,刮削时左手下压、上提的同时,右手旋转刀柄,随着工件曲面的走式进行刮削,其刀花应是长条形的。

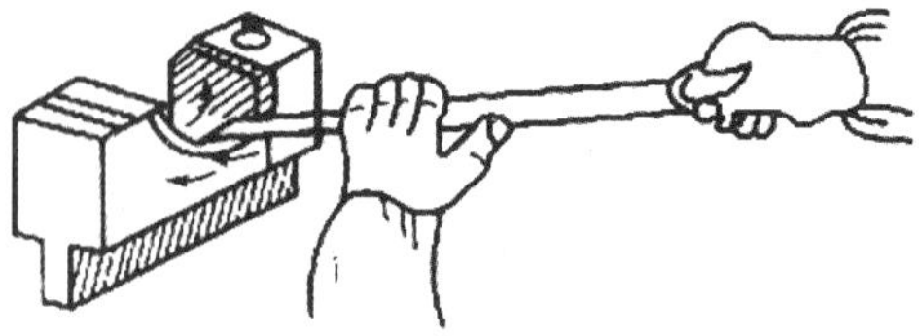

图 8 – 16　手握式

(2)肩负式

在刮削较高位置的曲面时,可采用如图 8 – 17 所示肩负式的刮削方法。刮削时,左手握刀杆,右手下压并用肩托刀杆后部,做旋转刮削动作。其刮削要求与手握式相同。

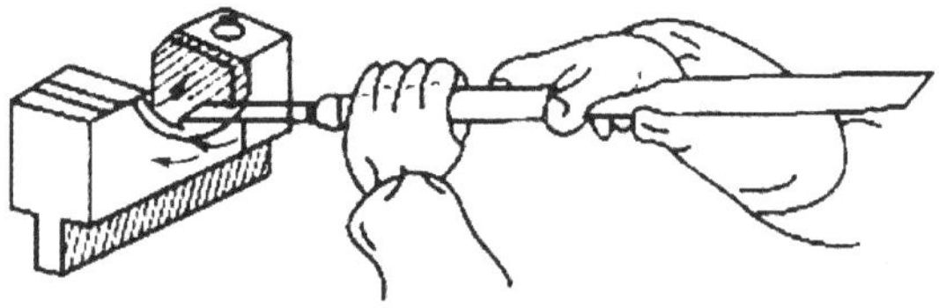

图 8 – 17　肩负式

2. 曲面刮削的操作过程

曲面刮削一般都是指刮削内圆弧面,其刮削刀痕应与内圆弧面轴向中心线成 45°左右交叉的线条状刀痕,避免瓦面产生极微量的深浅不一的条状不接触现象,达到与相配合件接触均匀,接触点符合要求的目的。刮削的基本操作过程如下:

(1)内圆弧面(轴瓦瓦面)先采用交叉刮削刀法,将加工的刀痕均匀地刮削一遍。

(2)均匀地涂一层显示剂(红丹粉),使用工艺轴或产品与之相配合的轴进行显示研点,取下轴后,检查接触面与接触斑点情况,将影响接触面和接触点高的部位刮去,然后再重新显示研点刮削。这样反复多次后使工件逐渐达到要求。

刮削时,右手作圆弧转动,左手沿着曲面方向拉或推。与此同时,刮刀还应沿着轴向少许移动(即刮刀做螺旋移动),刮时用力不可太大,否则容易发生抖动而使刮削面产生振痕。曲面刮削也要交叉进行,不可顺着一个方向刮,否则会产生波纹。刮削时刮刀的位置(角度)如图 8 – 18 所示。

曲面刮削的基本操作方法可简单归纳如下:

左手握刀身,右手握刀柄;<br>角度选择好,刀刃对准点;<br>刀口沿弧转,刀程斜向行。

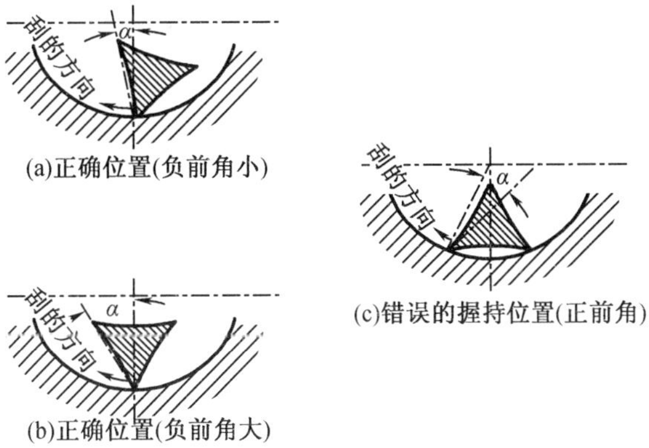


**图 8－18　曲面刮削刮刀角度**

3. 曲面刮削的检测

曲面刮削与平面刮削步骤一样,所不同的是校准时将显示剂涂布在心棒或与其相配合的轴上,将心棒或轴置于所刮削后的轴瓦中旋转相磨合来显示点子,如图 8－19 所示。

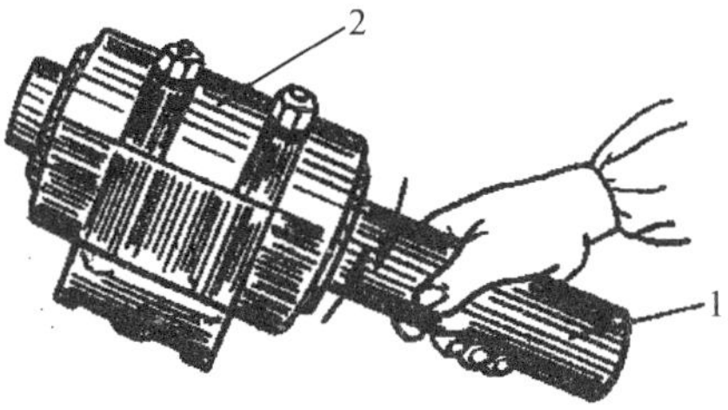


1—轴或心棒;2—轴瓦。

**图 8－19　机油研磨点子**

## 五、刮削中的弊病产生原因和防止方法

刮削中常见的弊病形式有凹痕、振痕、丝纹以及表面精度差等,产生原因和防止方法见表 8－1。

**表 8－1　刮削中的弊病产生原因和防止方法**

| 弊病形式 | 产生原因 | 防止方法 |
|---|---|---|
| 深凹痕 | 1. 刮削时刮刀倾斜;<br>2. 用力太大;<br>3. 刃口磨得过于弧形 | 1. 刮削时握稳刮刀;<br>2. 减轻压力;<br>3. 刃口弧形应适当 |

表 8-1(续)

| 弊病形式 | 产生原因 | 防止方法 |
|---|---|---|
| 振痕 | 1. 刮削只一个方向进行;<br>2. 刮工件边缘时刮刀平行边缘 | 1. 刮削时必须交叉进行;<br>2. 刮刀应与工件边缘成45°角 |
| 丝纹 | 刮刀刃口不锋利或不光滑 | 刃口必须磨锐,而且应光滑平整 |
| 刮削面不精确 | 1. 使用不正确或不精确的检验工具;<br>2. 显示点子时涂色不均匀或太厚,推磨压力太大 | 1. 及时检查、清洁检验工具和工件;<br>2. 涂色均匀,不宜太厚,压力不宜过大 |

# 任务二　研　　磨

研磨是用研磨工具和磨料从工件表面磨去极薄的金属层,使工件具有准确的尺寸、形状和高的表面粗糙度,在工件表面进行最后一道精加工的工序。

## 一、研磨的目的和原理

1. 研磨的目的

(1)增加表面粗糙度

加工过的零件,粗看上去很光滑,但用显微镜观察时,就会发现它的表面仍很粗糙,高低不平。这种粗糙如果发生在轴上则会破坏轴与轴承间的油膜,使轴与轴承间直接发生摩擦,轴很快会被磨损。因此,高速旋转的轴和滚动轴承,都必须经过研磨,以减轻磨耗。配合精度要求很高的零件,如油压系统的控制阀和柴油机的喷油嘴,进、排气阀都必须进行研磨,才能保证高压力的油或气不会泄漏。特别是柴油机的喷油嘴,由于受到高温、高压燃烧气体的腐蚀、冲击和机械磨损等而发生漏油,影响油嘴喷射雾化,致使功率降低,甚至影响机器的正常运转。因此,工作人员应经常通过研磨对上述工件予以修复。

(2)得到精密尺寸

有些机械零件的尺寸精度要求很高,而一般机加工无法达到,因此只有经过研磨才能使零件符合其精度要求。如进、排气阀与阀座的密封性,柴油机高压油泵柱塞和喷油嘴针阀的精度都必须通过研磨来得到(高压油泵柱塞的锥度不得超过 0.005 mm,喷油嘴针阀的锥度不得超过 0.001 mm)。

2. 研磨的原理

(1)物理作用

将研磨剂均匀地涂在研具上,当受到工件或研具的压力后,部分研磨剂就嵌进研具内,研具就像砂轮一样有了无数的切削刃，从而能在研磨时产生挤压及切削作用。一般每研磨一遍所磨去的金属层厚度不超过 0.002 mm，所以研磨量仅留 0.005 ~0.03 mm 即可。

(2)化学作用

当采用氧化铬、硬脂酸和其他化学研磨剂进行精研磨或抛光时，金属表面很快形成一层氧化膜，这种氧化膜容易被研磨掉。在研磨中氧化膜不断地形成又不断地被磨掉。因而加快了研磨的速度。

## 二、研磨工具和研磨剂

1. 研磨工具

为了使磨料能嵌入研具，研具的材料要比工件软，但也不可太软，否则会使磨料全部嵌入而失去研磨的作用。常用的研具材料有铸铁、皮革等。

2. 研磨剂

研磨剂是由磨料和研磨液混合而成的一种混合剂，磨料的种类如下。

(1)氧化铝系

氧化铝系有普通刚玉(G)、白刚玉(GB)，适用于钢件粗研磨。

(2)碳化物系

碳化物系有黑碳化硅(T)、绿碳化硅(TL)，适合铸铁、青铜、黄铜粗研磨使用。

(3)金刚石系

金刚石系有人造金刚石(TR)、天然金刚石(JT)，适合对硬质合金粗、精研磨。

(4)氧化铁与氧化铬

氧化铁与氧化铬适合精研磨时作抛光使用。

研磨时，一般是将磨料直接加机油、猪油、煤油、松节油和酒精调成糊状使用。

目前，船上常用的研磨剂还有软磨膏，分为粗、中、细三种。粗研磨时选大号数，半精或精研磨时取小号数。

## 三、研磨操作

1. 上料的方法

研磨时把磨料压入研具内的操作称为上料。上料的方法有直接和间接两种。直接上料是工作开始前，将研磨剂加入研具内；间接上料是在工作前先将研磨剂涂在工件上，而在研磨过程中才压进研具内。研具上的研磨剂不可过多，应是很薄的一层，工件愈精密研磨剂愈薄，过多的研磨剂会妨碍摩擦表面的接触，降低研磨速度，并且磨料也会掉下来，如图 8－20 所示。

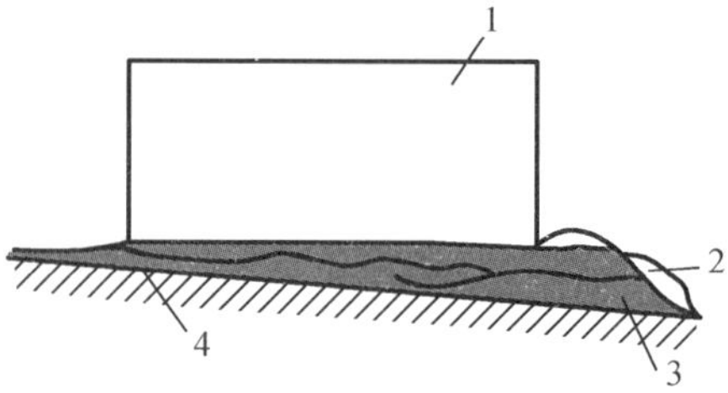


1—工件;2—研磨剂;3—磨料;4—研磨平面。

**图 8-20 研磨剂过多的影响**

2. 平面的研磨

平面研磨在平板上进行。研磨平板的尺寸由研磨工件的形状和大小来决定,研磨分为粗磨和精磨。粗磨在刻有槽的平板上进行,精磨在光滑的平板上进行。

研磨前,先用煤油擦净平板,然后在平板上涂一层薄的研磨剂。

把工件需要研磨的表面合在平板上,一般以旋转和直线移动相结合的方法,沿平板的全部表面进行研磨,研磨的压力应均匀,避免工件过热变形。如果工件过热,应停止研磨,等工件冷却后再研磨。

船舶柴油机喷油头平阀的研磨,就是在铸铁平板上进行的。研磨时,平板上涂极少量的 220 号金刚砂研磨剂,用手指轻轻压住平阀进行研磨,工件的运动轨迹呈“8”字形(图 8-21),并按图中箭头所示来回移动,同时还需定时把工件掉转 90°。只有这样才能使工件磨耗均匀,不会产生倾斜。直到阀面的伤痕磨去(注意不能磨得过多),再用煤油把阀和平板上的研磨剂洗净,然后在平板上滴几滴机油清磨 1 ~2 min 即可。

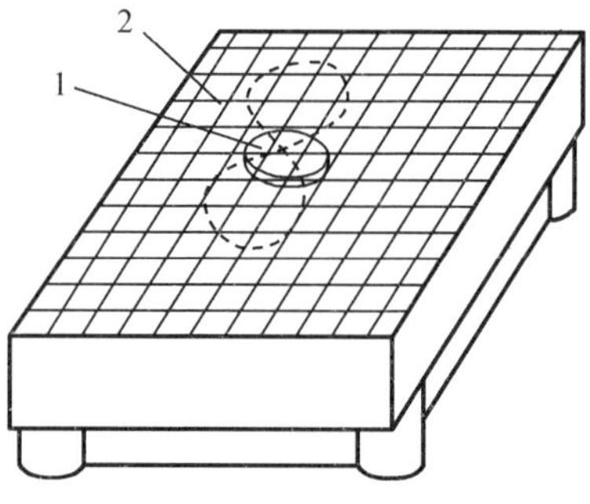


1—平阀;2—刻槽平板。

**图 8-21 平阀的研磨**

3. 圆锥形表面的研磨

研磨圆锥形表面是轮机工作人员在检修机器时经常进行的工艺操作,因为船舶上这类机件很多,如旋塞、阀门、安全阀、柴油机进排气阀和喷油头等,各种阀的结合部位都应有良好的密封性,以保证不漏气、漏水、漏油。为了达到密封的要求,正确地掌握研磨方法是十分必要的。

现以阀的研磨方法为代表，介绍如下。

拆开阀盖，用柴油清洁阀和阀座。在阀上装一木柄或铁柄(图 8 - 22)，观察阀面有无伤痕。如果是锥形阀座，还要检察锥形面(俗称阀线)是否太宽。如果伤痕较深或锥形面太宽，应在车床上车光；若锥面不太宽，伤痕又较浅，可用砂布把伤痕磨去，也可用粗研磨剂进行粗磨。即在阀的接触面上均匀地涂上研磨剂，将阀贴在阀座上略加压力往复旋转 30° ~ 45°，每旋转 6 ~ 7 次后即把阀转动 45°后再研磨。如果是钢制阀，研磨过程中还应使阀与阀座略有撞击，直至阀与阀座口出现一条不间断的黑色窄带(线)。粗磨完成后进行精磨。精磨的方法与粗磨相同，但不用很大压力，速度要快一些，直到把阀座磨得光亮后，再用清油磨 1 ~ 2 min。清洁后进行检查，如阀面上的一条磨纹(阀线)没有中断现象，而且色泽均匀一致，工作即告完成。

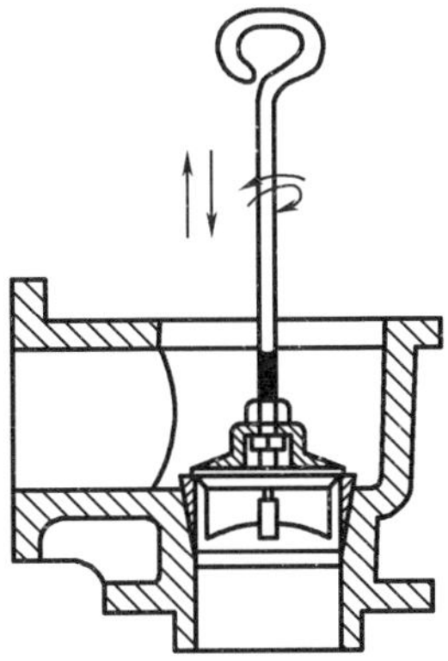

**图 8 - 22　阀的研磨**

阀的研磨质量可采用铅笔画线的方法进行检查，即在阀的研磨面上用软铅笔画若干条与锥形面垂直的线，然后与阀座对磨一下，注意转动角度应极小。观察这些线条是否全部磨断，如果不断，则证明质量不好，需重新研磨。检查时应注意用上述方法再改变阀与阀座的相对位置多检查几次，这样检查、修整后的精度更高。在条件许可的情况下，质量好坏可通过液压试验来检查，确认不漏后才能装复。

4. 柴油机气阀和喷油嘴针阀的研磨

(1)气阀的研磨

气阀拆出后，如发现锥形面上有麻点或局部变黑，必须研磨，是粗磨还是精磨，要根据阀和阀座的表面情况来决定。中小型气阀的研磨多采用如图 8 - 23 所示的工具。研磨时，首先在阀的表面涂上一层薄而匀的研磨剂，装上气阀，一方面适当用点压力，另一方面通过手柄将气阀左右旋转(即采用旋磨与撞击相结合的方法)，磨时应注意旋转数次后，将气阀转到一个新的位置，以免研磨剂集中而将气阀磨得凹凸不平。磨一段时间后将气阀取下擦净，重涂研磨剂(从粗号、中号到细号)再磨；这样一直磨到阀面上有一圈黝黑色的光圈和没有细小纹路为止。然后用煤油将研磨剂洗净,再用机油研磨,使配合更加紧密。磨好后的气阀可以采用上述铅笔画线检查法,也可以将磨好的气阀、阀座洗净,用煤油对气阀与阀座接合面进行密封试验。煤油密封试验就是将煤油倒入气阀背面及阀座嵌入缸头后露出的空间,经 1 ~2 h 后观察煤油是否有渗漏迹象。

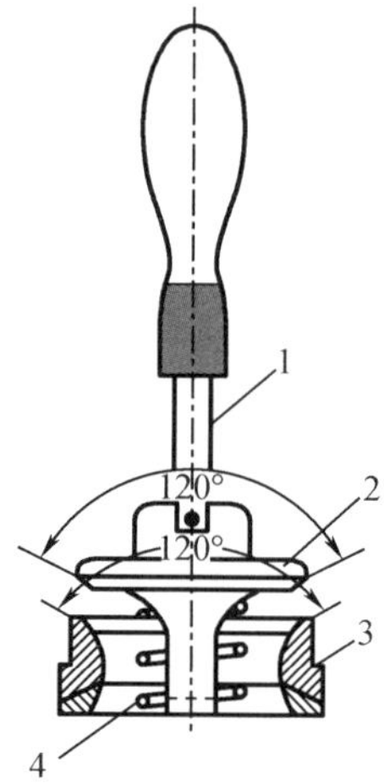


1—研磨工具;2—气阀;3—阀座;4—弹簧。

**图 8 -23 气阀研磨**

(2)喷油嘴针阀的研磨

针阀研磨主要是阀面研磨。首先应将针阀清洗干净并在针阀导向柱表面涂上少许润滑油进行润滑,在针阀阀面上均匀地点上几点研磨剂,如图 8 -24 所示。然后将针阀放入阀体内,用手轻轻地压住,并进行旋转和轻轻敲击,使锥形面互相研磨。开始时研磨剂应放在靠近头部处,随着阀面的磨出,研磨剂的位置随之下移,直到离边缘 0.5 mm,而且磨出密封阀线宽度为 0.2 ~0.4 mm 为止。磨好的喷油嘴应进行试泵,压力达 30 MPa($3\times10^3$ N/cm$^2$)时滴油为好。雾化后压力表指针下移时间为 1 min 即可,下移很快不符合要求,不能使用。

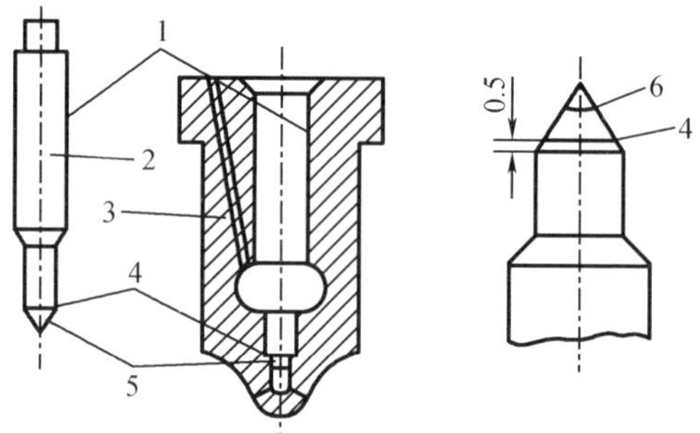


1—导向柱面;2—针阀;3—针阀体;4—密封阀线;5—锥形阀面;6—研磨剂。

**图 8 -24 针阀的研磨**

## 四、研磨时的废品及防止方法

研磨质量的好坏与研磨剂的选用、操作是否正确，以及工件表面清洁与否有很大关系，表 8－2 可供参考。

表 8－2　研磨时的废品及防止方法

| 废品形式 | 废品产生原因 | 防止方法 |
| --- | --- | --- |
| 表面不光洁 | 1. 研磨料过粗；<br>2. 研磨液选用不当；<br>3. 研磨剂涂得太薄 | 1. 正确选用研磨料；<br>2. 正确选用研磨液；<br>3. 研磨剂涂布应适当 |
| 表面拉毛 | 研磨剂中混入杂质 | 重视并做好清洁工作 |
| 平面成凸形或孔口扩大 | 1. 研磨剂涂得太厚；<br>2. 孔口或工件边缘被挤出的研磨剂未擦去就继续研磨；<br>3. 研磨棒伸出孔口太长 | 1. 研磨剂应涂得适当；<br>2. 被挤出的研磨剂应擦去后再研磨；<br>3. 研磨棒伸出长度应适当 |
| 孔成椭圆形或有锥度 | 1. 研磨时没有更换方向；<br>2. 研磨时没掉头研磨 | 1. 研磨时应变换方向；<br>2. 研磨时应掉头研磨 |
| 薄形工件拱曲变形 | 1. 工件发热了仍然继续研磨；<br>2. 装夹不正确引起变形 | 1. 工件温度不应超过 50 ℃，发热后应暂停研磨；<br>2. 装夹要稳定，不能夹得太紧 |

# 项目九　锉配合与装配修理基本知识

## 任务一　锉配合

通过锉削,使一个零件(甲)能放入另一个零件(乙)的孔或槽内,且松紧程度合乎要求,这项操作称为锉配合(镶嵌)。锉配合广泛地应用在机器装配与修理以及工、模具的制造上。

在现代工业生产中,锉配合可能会遇到两种情况:一种是工件的外形(包括孔、曲面)和尺寸已由机械加工完成,这时的锉配合工作主要是修整形状和尺寸,使其达到图纸要求;另一种是在单件生产的情况下,也可由钳工直接下料后进行锉配合,例如检测车床导轨面的样板、刀杆与刀排上方孔的锉配合、键与键槽的锉配合等。

### 一、锉配合的实际运用

锉配合的基本方法是将相配的两个零件中的一件,按照图纸要求加工到符合标准,再以其为基准锉配合加工另一件。由于一般零件的外表面比内表面容易加工,所以通常情况下,最好先加工配合外表面的零件,然后再加工配合内表面的零件。在某些锉配合工作中也有与上述顺序相反的加工。由于配合件的表面形状、配合要求不同,锉配合的方法也随之不同,需要根据具体的情况来确定。

锉配合在装配、修配,尤其在冲压裁模的阴阳加工中应用广泛。模具制造中的阴阳模"配锉"的要求较高,一般可先加工阳模着色印油来检查与阴模之间的密合情况。这种锉配合的方法可以达到微小间隙配合。因此,要求操作人员要具备一定的钳工基础知识和实践经验。

### 二、配合的种类与要求

锉配合是一项复杂而精密的操作技能。根据零件的要求,配合可分为间隙配合(动配合)、过盈配合(精配合)及过渡配合(具有以上两种配合的可能)三种。在轴和孔的配合中,要想得到不同的松紧程度,可采用基孔制配合与基轴制配合。

在锉配合工件中要注意以下几点要求:首先要根据加工工件的特点和要求,正确选定加工的基准件；其次要准确加工好基准件，为配合精密打下重要基础；最后在测量检查中要认真细致，做到勤测量、勤相配，以保证锉配合的质量。

## 三、锉配合实例

1. 配键

配键属于锉配合操作，即通过锉削，把键装入键槽内，配合的松紧度要符合要求。现以锉配合平键为例（图 9－1），介绍配键的方法。

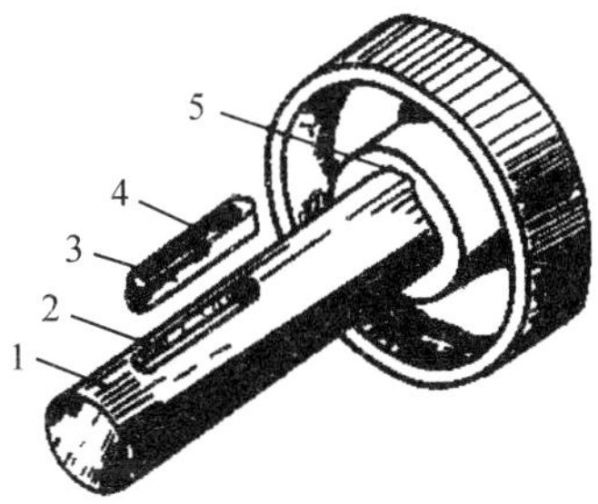


1—轴；2—键槽；3—键侧面；4—键顶面；5—轮槽。

**图 9－1　配键**

（1）用游标卡尺测出轮和轴的键槽宽度及高度，如果宽度不一样，要修整一致，并去除毛刺。

（2）按键槽宽度尺寸锉削键两侧余量，平键的两侧是主要工作面，锉削时要保证两侧平行，并与底面垂直。两侧面与轴上键槽应该紧密配合，其松紧程度是以轻轻锤击平键进入槽内为宜。因此，在锉削过程中，要经常试配松紧度，发现过紧处（亮点子）用锉刀修整，最后达到尺寸精度一致，松紧恰当。

（3）键的两侧与轮上键槽相配后要求略有松动。

（4）在锉削键的两端时，先把键锉到需要的长度，再把两端锉成半圆形和倒角。键的长度应小于轴上键槽的尺寸（约 0.1 mm 的间隙），若没有间隙，把键打入轴的键槽内，会引起轴或键变形。

（5）在锉配键与轮槽顶部时，必须留有一定的间隙（0.3 ~ 0.4 mm），此间隙俗称天地间隙。

2. 刀杆上锉配合方孔

刀杆上锉配合方孔时要求白钢刀头能自如地推入方孔，间隙在 0.1 mm 以内，方孔中心与刀杆中心偏心量也在 0.1 mm 之间。

锉配合步骤如下（图 9－2）。

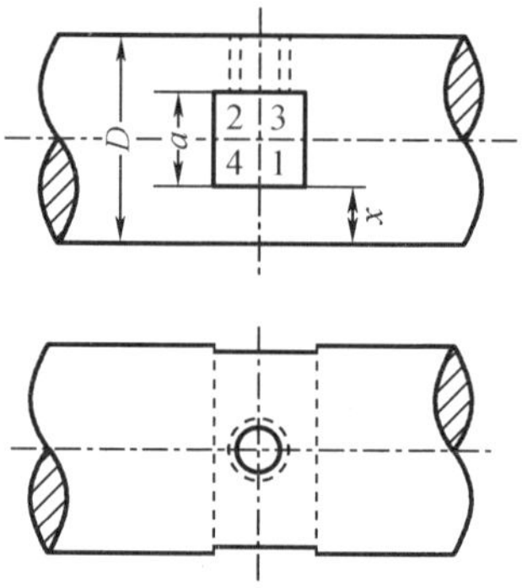


(a)刀杆(刀排)

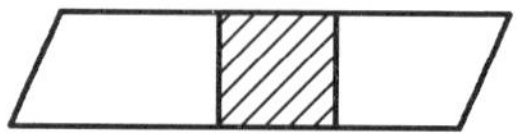

(b)白钢刀头

**图9-2　刀杆(刀排)上锉配合方孔**

(1)在刀杆上画方孔加工线,并打好样冲眼。

(2)钻毛坯孔,孔径应小于刀杆对边尺寸1~2 mm。

(3)将毛坯孔大致锉成四方形(接近画线处)。

(4)把面1、面2中任意一平面先锉至加工线,若先锉平面1,要求平面的纵横方向平直,两边都贴线,用游标卡尺测量,$x$应等于$0.5(D-a)$。

(5)锉平面2,以面1为基准,用内卡钳或游标卡尺测量尺寸,要使面2与面1平行,并用白钢刀头试塞,只要孔的两端能紧密地塞进刀头的两角即可。

(6)锉平面3,要求平面纵横方向平直,并且与面1垂直,锉到前后两边都贴近所画的线为止。

(7)锉平面4,以平面3为基准,用内卡钳或游标卡尺测量平行度,并用白钢刀头试塞,直到塞进两角为止。

(8)加工到方孔能初步塞进刀头时,应采用涂色法来检查并加以修正。即在方孔中涂一点红丹粉,然后塞进刀头,用木槌轻轻敲击刀头,再退出刀头,观察孔内摩擦情况,把接触的发亮部分锉去,这样反复修锉,直到白钢刀头能轻松自如地推进方孔内为止。

锉削方孔时,要注意各平面本身的平直性,以及相互间的平行与垂直的要求,在两垂直平面间的交角处不能有圆角。方孔锉削中常见的弊病是孔口两端大,中间小,成喇叭口状,断面不方正,因此在锉削中要加以防止。

3. 样板的锉配

图9-3所示为一对燕尾样板,其锉配要求如下。

(1)样板甲能嵌入乙内。

(2)配合面有细微而均匀的光隙(光隙为0.01 mm左右)。锉配样板前,要先锉制两块辅助样板丙、丁(图9-4)。在两块辅助样板中先锉外角样板丙,再配锉内角样板。要求两块辅助样板拼合后,在$\alpha$角的两边上只可透出细微的均匀光线。

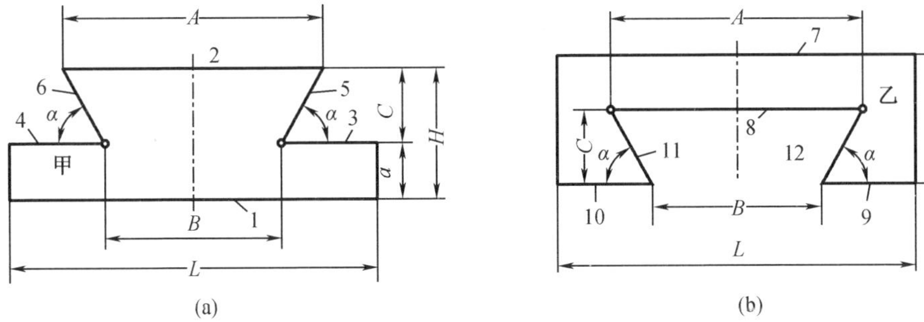


**图 9－3　燕尾样板**

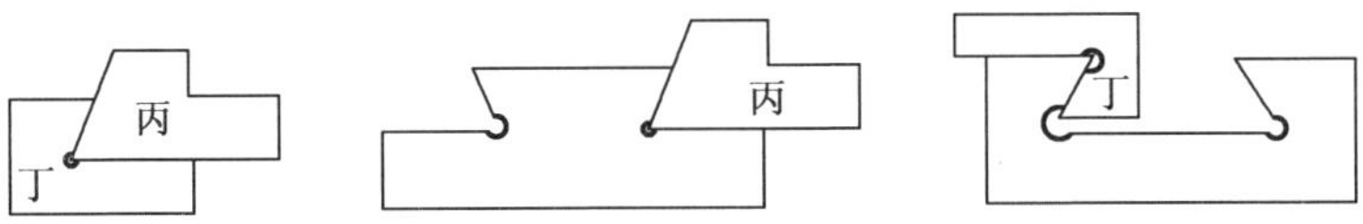


**图 9－4　检查燕尾样板角度用的辅助样板**

燕尾样板甲、乙的锉配步骤如下。

(1)根据样板图纸尺寸,选好材料并画线下料。

(2)打光样板的两大平面,做好甲、乙样板标记,加工成两块对边互相平行、邻边相互垂直的长方体。

(3)在样板甲、乙上画线,并在锐角尖上钻直径为 2～3 mm 的孔,再锯除样板上的多余部分,留有 1 mm 左右加工余量(图 9－5)。

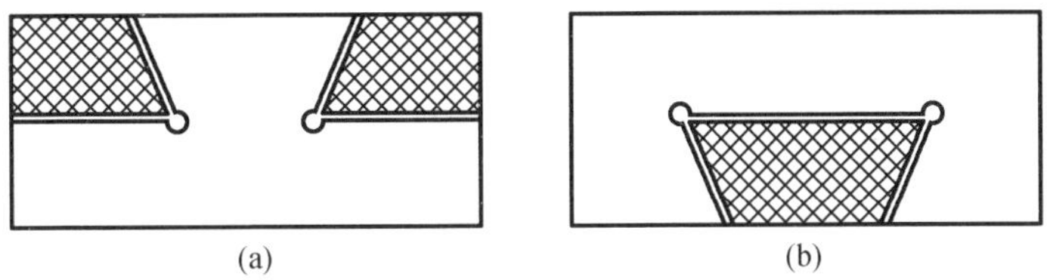


**图 9－5　画线去掉样板上多余部分**

(4)锉样板甲的面 3 和面 4,使它们与面 1 平行,使两端尺寸误差在 0.01 mm 之内,保持尺寸 $C$ 公差在 ±0.01 mm 之内。

(5)锉样板甲的斜面 5,用角度样板丙检查其角,再锉斜面 6,也用角度样板丙检查其角,并注意控制尺寸 $B$。

控制尺寸 $B$ 一般采用两种方法:通过测量 $A$ 来求 $B$,$B = A - 2C\cot\alpha$。注意,当尺寸 $A$ 两边角不尖锐时,量出的 $A$ 不准确。或者用投影仪来检查、控制尺寸 $B$。

(6)锉样板乙的面 8,使与面 7 平行于 $C$ 两端,$H-C$ 的误差在 0.01 mm 之内,并保持两端尺寸 $C$ 误差在 ±0.01 mm 之内。

(7)锉样板乙的斜面 12,用角度样板丁检查其 $\alpha$ 角,再锉斜面 11,用角度样板丁检查其 $\alpha$ 角,并控制尺寸 $B$。

控制样板乙上尺寸 $B$ 常用两种方法:直接量 $B$ 或用投影仪来检查。

当样板甲、乙其中一块做好后,做另一块样板时,就可以用两块样板互配,并用透光法、涂色法检查修正。试配时要把样板上的毛刺全部修除,最后做到样板甲正好能嵌入样板乙,在各配合面只有细微而均匀的光隙。至此,锉配合样板工作结束。

4. 锉配角度样板

(1)锉配方法

锉配时由于外表面比内表面容易加工和准确测量,易于达到较高精度,故一般应先加工凸件,然后锉配凹件。

内表面加工时,为了便于控制,一般均选择有关外表面作测量基准。因此,对外形基准面加工必须达到较高的精度要求,才能保证得到规定的锉配精度。

锉配角度样板工件时,可锉制一副内、外角度检查样板(图 9-6),用于加工时测量角度用。

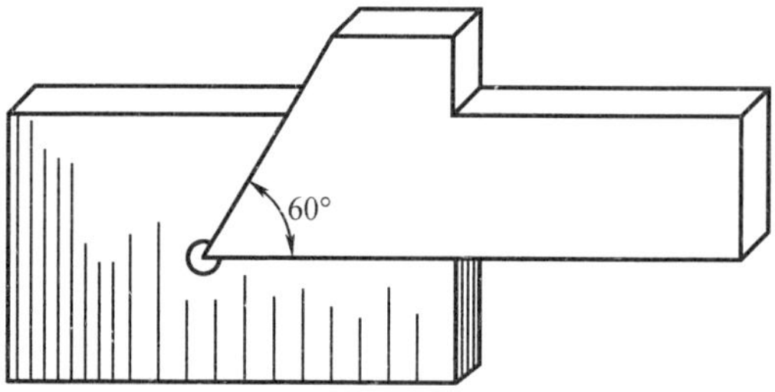


**图 9-6 角度检查样板**

在做配合修锉时,可通过透光法和涂色显示法来确定其修锉部位和余量,逐步达到正确的配合要求。

(2)角度样板的尺寸测量

角度样板斜面锉削时的尺寸测量,一般都采用间接的测量法(图 9-7)。其测量尺寸 $M$ 与样板的尺寸 $B$、圆柱直径 $d$ 之间有如下关系:

$$M = B + \frac{d}{2}\cot\frac{\alpha}{2} + \frac{d}{2}$$

式中 $M$——测量读数值,mm;

$B$——样板斜面与槽底的交点至侧面的距离，mm；

$d$——圆柱量棒的直径，mm；

$\alpha$——斜面的角度。

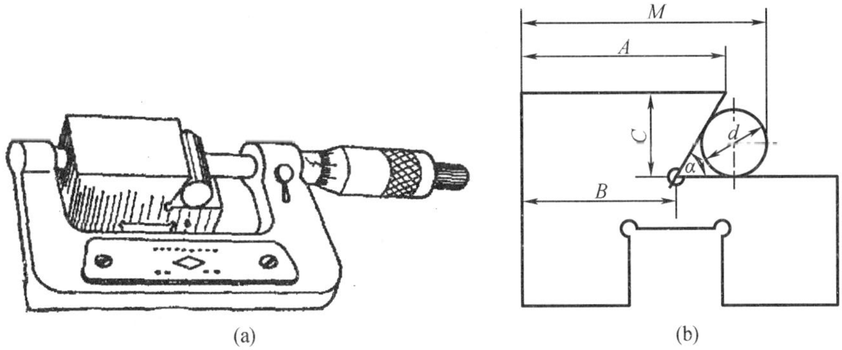


**图 9－7　角度样板的尺寸测量**

当要求尺寸为 $A$ 时，则可按下式进行换算：

$$B = A - C\tan\alpha$$

式中　$A$——斜面与槽口平面的交点（边角）至侧面的距离，mm；

$C$——角度的深度，mm。

（3）工艺步骤（图 9－8）

①按图样画外形加工线，锉件 1 和件 2，达到尺寸（40 ± 0.05）mm、（60 ± 0.05）mm 和垂直度要求。

②画件 1 和件 2 全部加工线，并钻 3－$\Phi$3 mm 工艺孔。

③加工件 1 凸形面，按画线垂直锯去一角余料，粗、细锉两垂直面。根据 40 mm 处的实际尺寸，通过控制 25 mm 的尺寸误差值（本处应控制在 40 mm 处的实际尺寸减去 $15_{-0.05}^{\ 0}$ mm 的范围内），从而保证 $15_{-0.05}^{\ 0}$ mm 的尺寸要求，通过控制 39 mm 的尺寸误差值（本处应控制在 $\frac{1}{2}\times 60$ 处的实际尺寸加 $9_{-0.05}^{+0.025}$ mm 的范围内），从而保证在取得尺寸 $18_{-0.05}^{\ 0}$ mm 的同时，又能保证其对称误差在 0.1 mm 内。

④按画线锯去另一侧一垂直角余料，用上述方法控制并锉对尺寸 $15_{-0.05}^{\ 0}$ mm，直接测量锉对 $18_{-0.05}^{\ 0}$ mm 尺寸。

⑤加工件 2，尺寸 15 mm、18 mm 达到对称度要求，并用件 1 凸形面锉配，达到配合间隙小于 0.1 mm 凹凸配合处的位置精度，达到对称度 0.1 mm 的要求。

⑥然后按画线锯去 60°角余料，锉削并按前述方法控制 25 mm 的尺寸误差，来达到 $15_{-0.05}^{\ 0}$ mm 的尺寸要求。用 60°角度样板检验锉准 60°角度，并用 0.05 塞尺检查不得塞入，

达到配合间隙小于 0.05 mm 的要求。再用圆柱间接测量,按前述公式求出测量的规定读数来控制达到(30 ±0.1)mm 的尺寸要求。

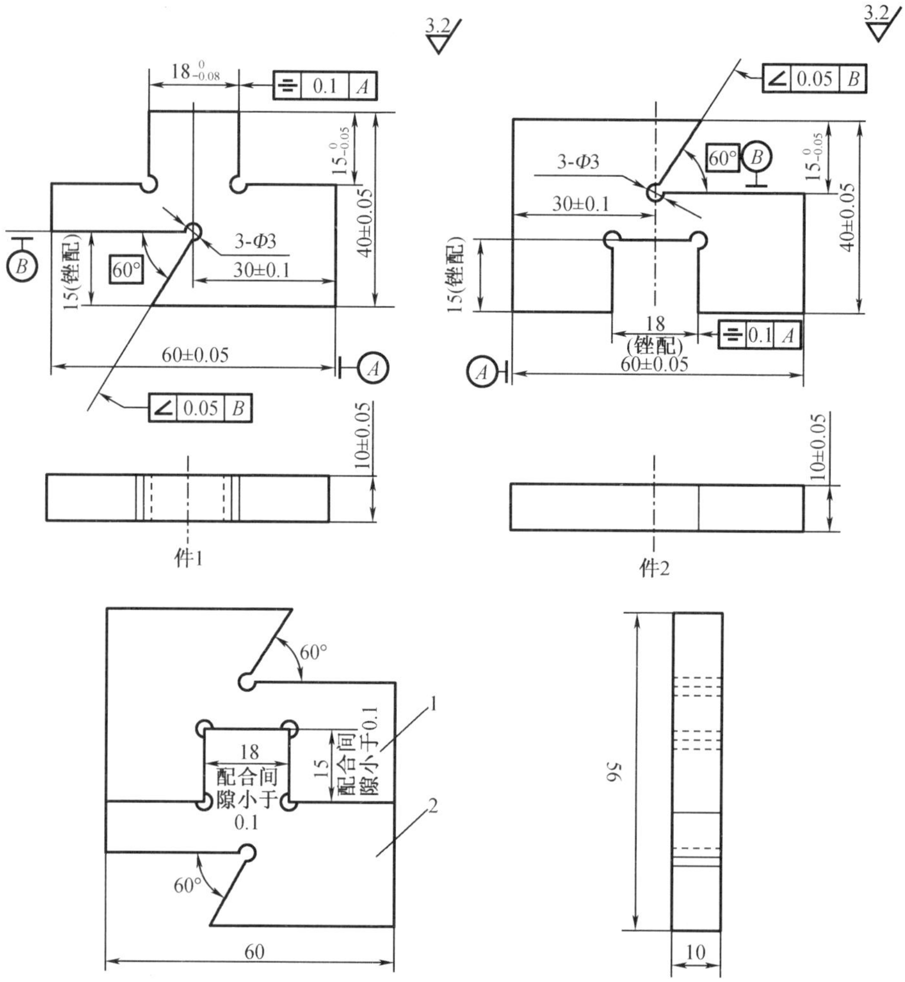


**图 9 -8　角度样板锉配(单位:mm)**

⑦加工件 1,按画线锯去 60°角余料,按照件 2 锉配,达到角度配合间隙不大于 0.1 mm 的要求。

⑧同时也用圆柱间接测量,来控制达到(30 ±0.1)mm 尺寸要求。

⑨锐边倒棱,检查精度。

(4)注意事项

因采用间接测量来达到尺寸要求,故必须进行正确换算和测量才能得到实际所要求的精度。

在整个加工过程中，加工面都比较狭窄，但一定要锉平和保证与大平面垂直，才能达到配合精度。

凸形面加工，为了保证对称度精度，只能先去掉一端角料，待加工至规定要求后才能去掉另一端角料。同样只许在凸形面加工结束后才能去掉60°角余料，完成角度锉削，以便于加工时测量、控制。

在锉配凹形面时，必须先锉一凹形侧面，根据60 mm处的实际尺寸通过控制21 mm的尺寸误差值（本处为$\frac{1}{2}\times 60$处的实际尺寸减凸形面$\frac{1}{2}\times 18$处的实际尺寸加$\frac{1}{2}$间隙值），来达到配合后的对称度要求。

凹凸锉配时，应按已加工好的凸形面先锉配凹形两侧面，后锉配凹形端面，在锉配时一般不再加工凸形面，否则会使其失去精度而无基准，使锉配难以进行。

5. 梯形台对配

（1）按图9－9画外形加工线锉件1和件2，件1留约0.3 mm余量，件2达到尺寸和垂直度要求。

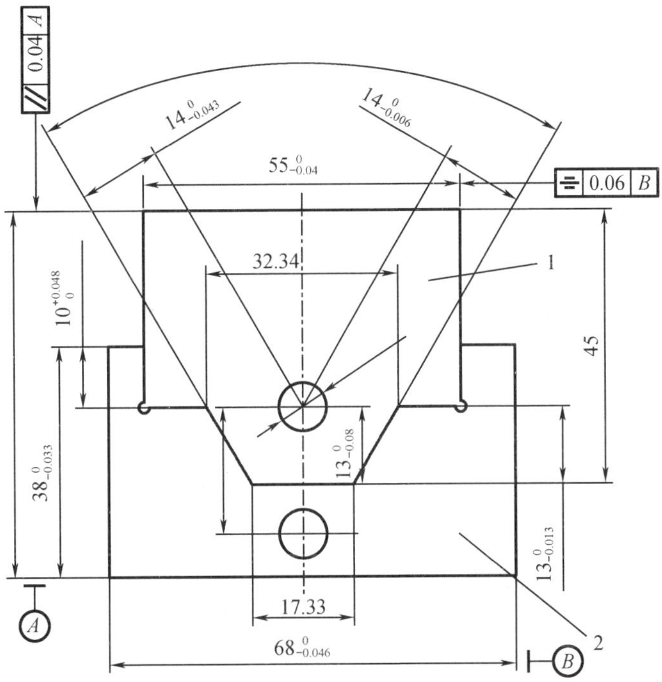


**图9－9　梯形台对配（单位：mm）**

（2）画件1和件2全部加工线，并钻$\Phi$8H7mm基准孔并铰孔。

（3）以$\Phi$8H7孔为测量基准，锉削件1尺寸为$55_{-0.04}^{0}$ mm，确保$\Phi$8H7孔对称度。

(4)加工件 1,按画线锯去两角余料,以 $\Phi 8H7$ 孔为基准测量,粗锉两斜面和底面,再精锉底面,采用深度游标卡尺测量确保 $13_{-0.013}^{0}$ mm 尺寸,间接测量底面到外形基准面尺寸,以确保 $13_{-0.013}^{0}$ mm。

(5)以 $\Phi 8H7$ 孔为基准测量,精锉两斜面确保 $14_{-0.043}^{0}$ mm 尺寸,确保孔到两斜面尺寸一致,以保证梯形凸台对称度,采用万能量角器以底面为基准测量 120°角度。

(6)加工件 2,底面打排料孔,锯削去除余料,并用件 1 凸形面锉配,达到配合间隙小于 0.05 mm。

(7)倒棱,检查精度。

## 四、锉配合时产生废品原因及预防方法

锉配合时产生废品原因及预防方法见表 9 - 1。

**表 9 - 1　锉配合时产生废品原因及预防方法**

| 废品种类 | 原因 | 预防方法 |
| --- | --- | --- |
| 配合间隙过大 | 1. 加工工艺不正确;<br>2. 作为外形体的基准不标准;<br>3. 技术不熟练;<br>4. 未能经常用量具检查 | 1. 按正确加工工艺操作;<br>2. 认真锉好标准的外形体;<br>3. 提高操作技能;<br>4. 要经常用量具测量 |
| 配合件互换性差 | 1. 外形体尺寸、形状不正确;<br>2. 没有用涂色法对内形体锉配合 | 1. 认真锉好外形体;<br>2. 应采用涂色法精心锉配 |
| 配合角度不正确 | 1. 画线不仔细、有误差;<br>2. 加工技术不熟练;<br>3. 重修内、外形体时超出加工界线 | 1. 提高画线精确度;<br>2. 提高操作技能;<br>3. 重修时要细心注意、多检查 |
| 表面损伤 | 1. 用榔头锤击工件,强行配合;<br>2. 没有正确使用锉刀光边;<br>3. 夹持工件不正确或夹持用力过大 | 1. 不可用榔头敲击配合;<br>2. 锉刀光边毛刺要修磨;<br>3. 夹持工件用力要适当,必要时可用软钳口夹持 |

# 任务二 装配修理基本知识

船舶机械经过一定时间的运行，零件常需拆卸、清洗、维修和重新装配，以确保机器的正常运行。现将装配及修理工艺做简单介绍。

对设备拆卸和修复前首先要熟悉设备的构造，明确有关零件的用途和相互间的作用，牢记关键零件的位置后再进行拆卸。

## 一、拆卸时的一般要求

（1）拆卸时应按装配相反的次序进行。要有计划有步骤地拆卸，不可东拆一件西拆一件，以免弄乱零件甚至丢失损坏。

（2）拆卸时，不要用力过大，以免损坏零件，拆下的零件应有序放好，不可乱堆乱放。

（3）拆卸较为复杂的机件时，必须在零件上做好标记。重要及精度较高的零件，拆下后立即清洁，涂上防锈油并用纸或布包好。

（4）对易产生位移而又无定位装置的零件，拆卸时要做好相对位置的标记以方便重新装配。

## 二、螺纹连接的拆装

1. 螺纹连接的种类

（1）螺栓连接

螺栓的一端呈六角形，另一端为有一定长度的螺纹，使用时穿过两连接零件的孔，再旋上螺母夹紧零件即可，如图 9－10 所示。

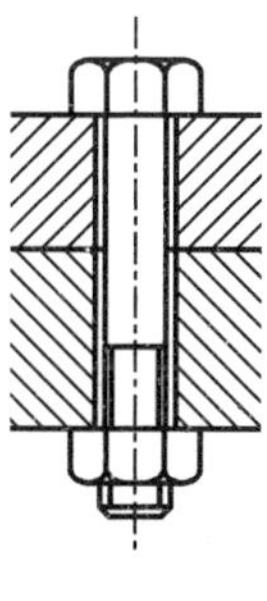

**图 9－10　螺栓连接**

(2)双头螺栓连接

双头螺栓两端都有螺纹,一端旋入固定零件螺孔中,再把被连接件穿过螺栓并旋上螺母,将两连接件夹紧,如图 9－11 所示。

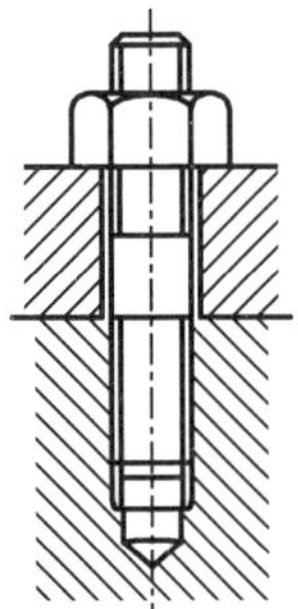

**图 9－11　双头螺栓连接**

(3)螺钉连接

螺钉在使用时不需要螺母,只要通过一零件的孔,旋入另一零件的螺纹孔中。螺钉帽有六方形、方形和内六角形等。这种连接一般用于不需经常拆卸的地方,如图 9－12 所示。

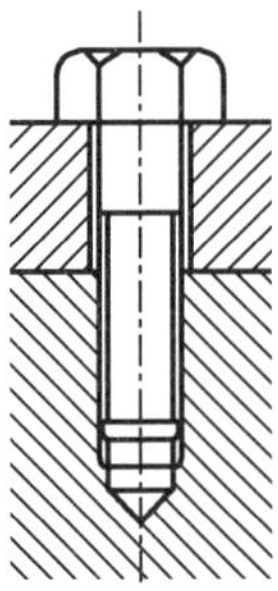

**图 9－12　螺钉连接**

(4)机用螺钉连接

机用螺钉较小,钉头有凹槽,便于起子装卸,用于一些受力不大的轻、小零件连接,如图 9－13 所示。

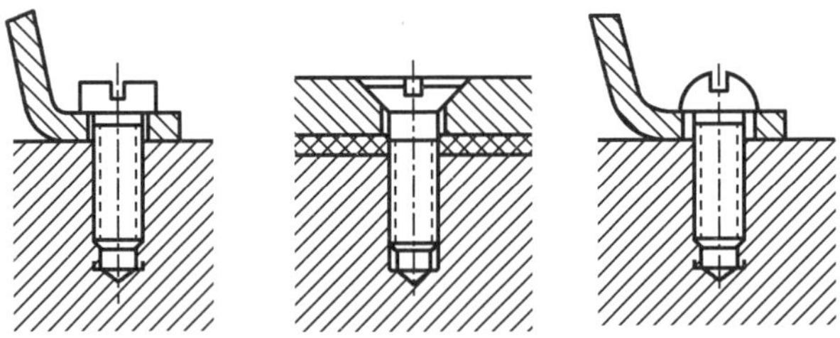

(a)圆柱头　(b)埋头　(c)圆头

**图 9－13　机用螺钉连接**

2. 螺纹连接的装卸工具

由于螺纹连接的种类很多，所以装卸工具也很多，使用时应进行合理的选择。

（1）平口起子（螺丝刀）

平口起子用于头部带凹槽螺钉的装卸。它由手柄、刀体、刀口组成。刀口经淬火处理，根据其长度分为4″、6″、8″、12″、16″等几种，使用时应根据螺钉的大小合理选用。标准起子如图9－14所示。

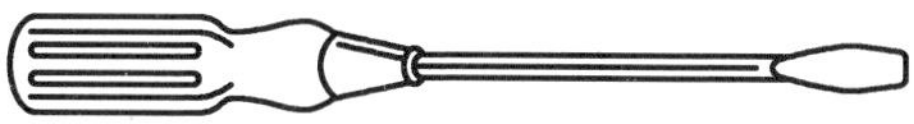

**图9－14　标准起子**

（2）活络扳手

活络扳手由扳手体、固定钳口、活动钳口、蜗杆组成。开口尺寸可根据工作需要进行调节。扳手有大小不同的多种规格，工作中应合理选用。使用活络扳手时应使固定钳口受主要作用力，否则扳手易损坏（图9－15）。

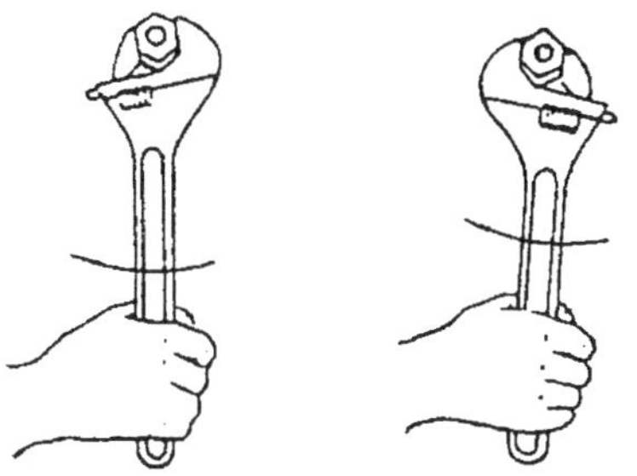

(a)正确　　(b)错误

**图9－15　活络扳手的使用**

（3）固定扳手

固定扳手主要用来装卸六方形螺母，有开口扳手和梅花扳手两种（图9－16）。其规格以扳手开口的尺寸大小来分，多种规格组成一套以方便使用。

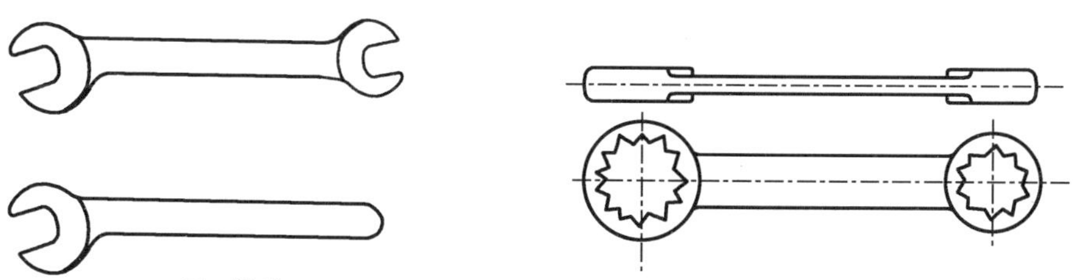

(a)开口扳手　　(b)梅花扳手

**图9－16　固定扳手**

(4)套筒扳手

套筒扳手在摆动角度不小于20°时即可拆装螺母,在其他扳手无法装拆的情况下用套筒扳手工作既方便又节省时间(图9-17)。

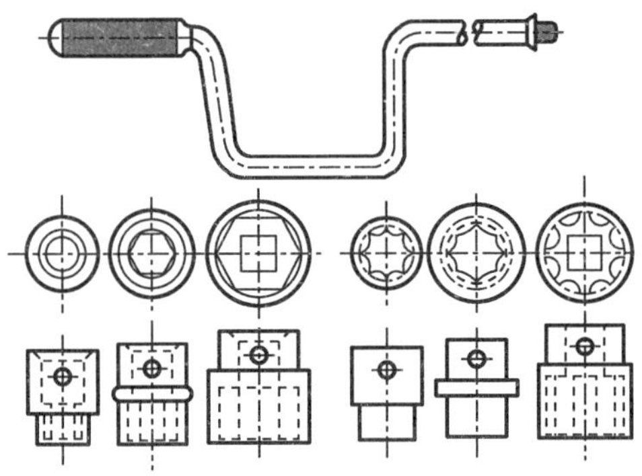

图9-17　套筒扳手

(5)钩扳手

钩扳手用来拆装圆形螺母(图9-18)。

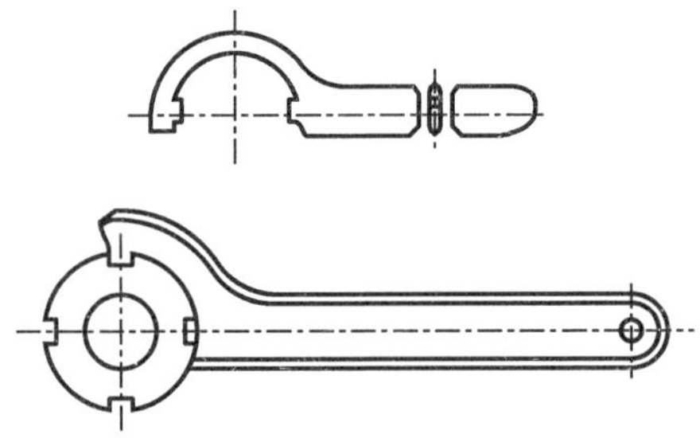

图9-18　钩扳手

(6)内六角扳手

内六角扳手用于内六角螺钉拆装,多种规格组成一套以方便使用(图9-19)。

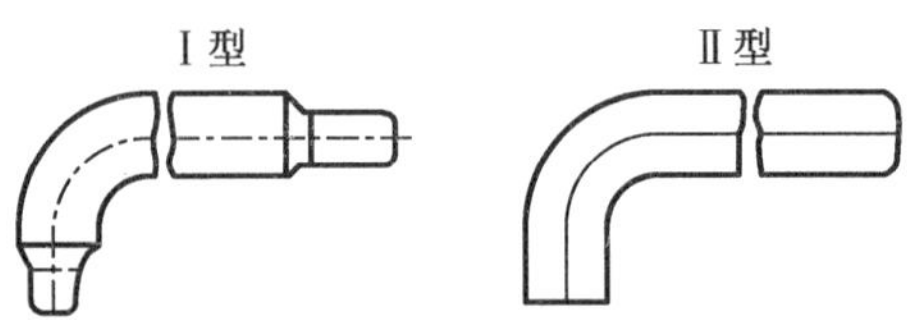


图9-19　内六角扳手

3. 螺纹连接的拆装方法

螺纹连接装(拆)的松紧程度和次序对工作精度及机件的寿命有很大影响,因此必须采用正确的操作方法。常见的安装形式:分别将螺钉旋到靠近工件处,但不要加力,然后按图9－20所示顺序1,2,…依次旋紧1/3左右,之后再按上述次序旋紧2/3,最后再按序旋紧。这样能使全部螺钉旋紧程度一致,连接工件不会产生变形。

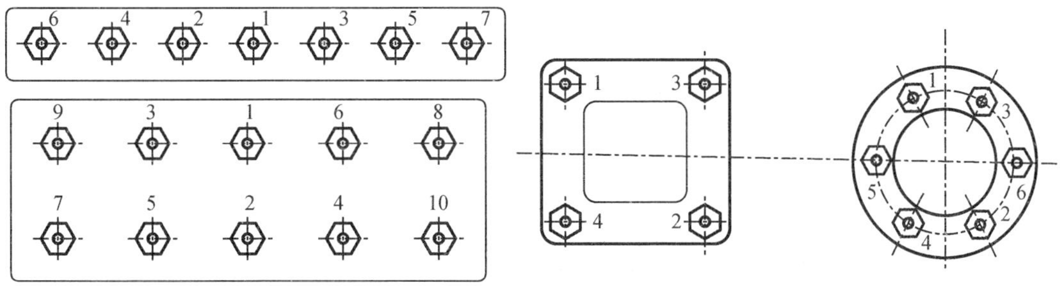


(a)长条件和长方件　(b)方形件　(c)圆形件

**图9－20　拧紧螺纹的顺序**

4. 螺纹连接的防松装置

机器在工作中会产生振动而使螺纹逐渐松脱失去原有的紧固作用,因此螺纹连接中常采用防松装置。

(1)锁紧螺母

锁紧螺母(图9－21)是依靠两螺母 $a$、$b$ 旋紧后两端面间的摩擦力来防松的。但这种方法在高速运转时也不可靠。

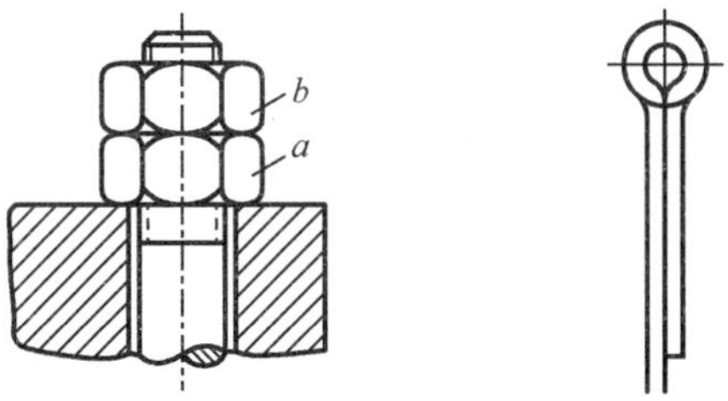


(a)　(b)

**图9－21　锁紧螺母**

(2)开口销

将开口销插入旋紧后的螺母槽内或螺栓孔内,然后将开口销两脚分开(角度不宜过大),如图9－22所示。

(a) (b)

图 9－22 用开口销防松

(3)铁丝

将铁丝穿入旋紧后的螺母和螺栓孔内并把铁丝拉紧,即可起到防松作用。穿铁丝时要注意方向。图 9－23 中 1 是正确的,2 和 3 是错误的。

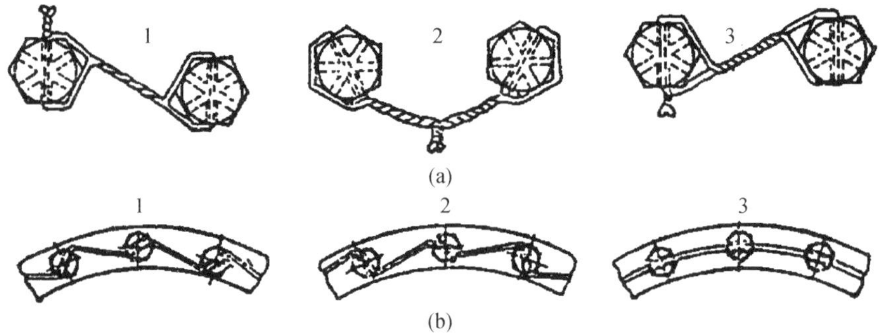

图 9－23 用铁丝防松

(4)垫圈

螺母下垫一弹簧垫圈,旋紧螺母时由于弹簧垫圈的张力增强了接触面的摩擦力,同时垫圈的尖边切入螺母的支撑面,以此阻止螺母的自动回松(图 9－24)。

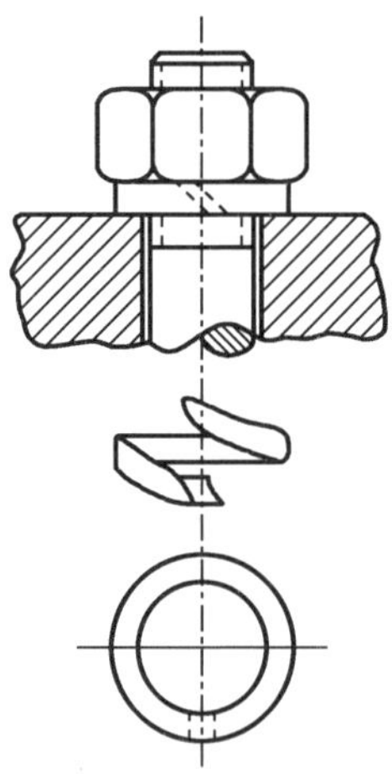

图 9－24 弹簧垫圈防松

也可用止退垫圈(图9－25)来防止松动。旋紧螺母后,将垫圈一边弯到螺母侧面上,另一边弯到连接零件侧面,以此锁住螺母。

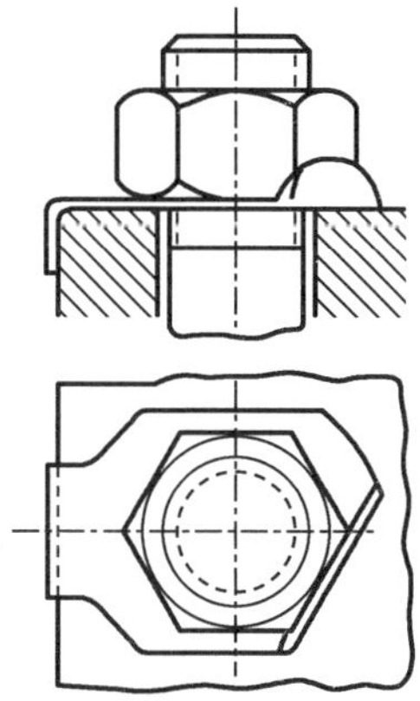

图9－25　止退垫圈防松

5. 双头螺栓的拆装方法

由于双头螺栓的一端需装到机体外,另一端为螺纹而无螺钉头,在没有专用工具情况下,拆装螺栓常用两个螺母旋在螺栓上并相互压紧,再旋上面的螺母即可把螺栓旋紧在机体螺纹孔中,然后用两个扳手松开紧压的螺母便可。如果需拆卸则方法同上,注意反旋下面的螺母(图9－26)。

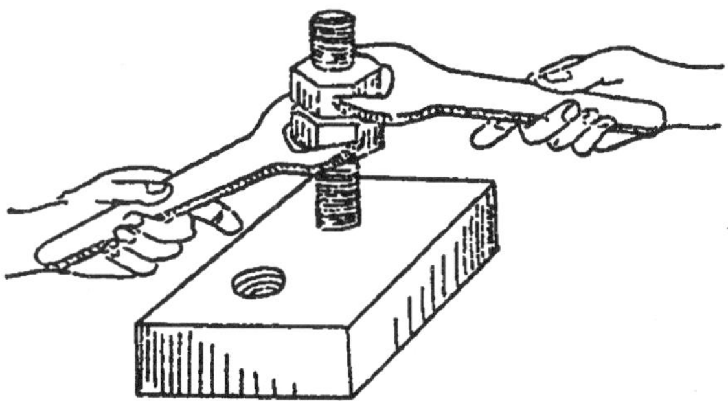

图9－26　用双螺母装拆双头螺母

6. 断节螺栓的拆卸方法

螺栓断节时,拆卸可根据螺栓断节的部位采用下列方法。

(1)螺栓断节后尚有部分留在机体外,则可将留出部分的螺栓锉成一对称平面,而后用扳手旋出,也可用管子钳夹住螺栓旋出。

(2)如断节螺栓残留在机体外的部分较短,可采用一螺钉焊接到螺栓断节处,然后用扳手旋螺钉取出断节螺栓。

(3)若螺栓断节处在机体内,则可用一直径略小于螺栓螺纹内径的钻头在螺栓上钻孔,这样可减小螺栓与机体的连接摩擦力,而后用尖錾轻轻反向剔出断节螺栓。

无论用上述何种方法取出断节螺栓,都应在取出前先用柴油浸泡一下,使柴油渗透到螺栓与机体的连接处,以减少螺栓与机体螺孔间的摩擦力而便于旋出。

## 三、键连接及其装配

键可使轴与装在轴上的传动机件(如齿轮、皮带轮等)相互传递扭矩,键的一部分嵌在轮槽内,一部分嵌在轴槽内(图9-27)。

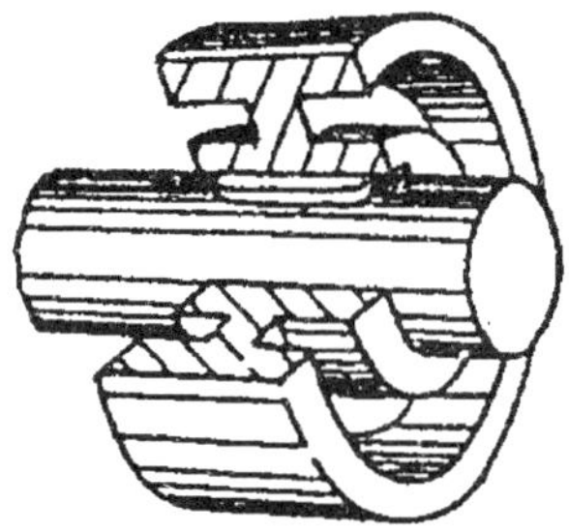

图9-27　键与键槽

1. 键连接种类

(1)平键连接

平键有圆头(A型)、方头(B型)和单圆头(C型)三种类型,其中A型使用较多。键一般用45#钢制造,图9-28所示。

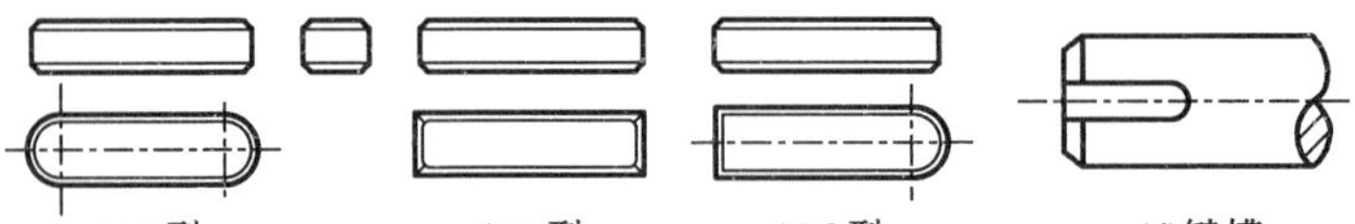


图9-28　平键类型

平键的断面形状有正方形和长方形两种,其两侧面为工作面传递扭矩(图9-29)。

(2)半圆键连接

半圆键也是靠键两侧与键槽两侧互相紧贴来传递扭矩的(图9-30)。由于轴键槽较深,对轴强度削弱较大,所以只能传递较小扭矩。

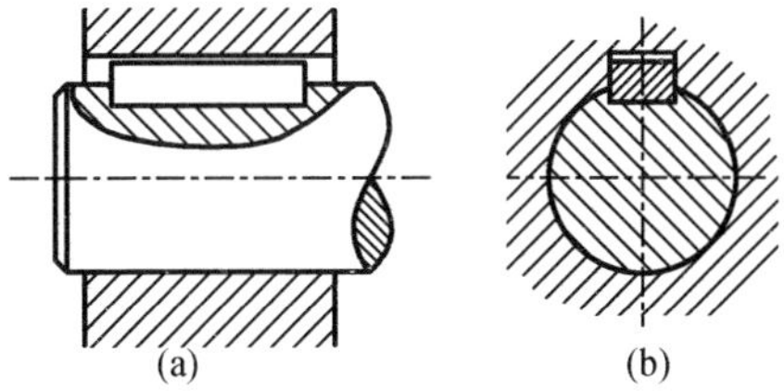

(a)　　(b)

图 9－29　平键连接

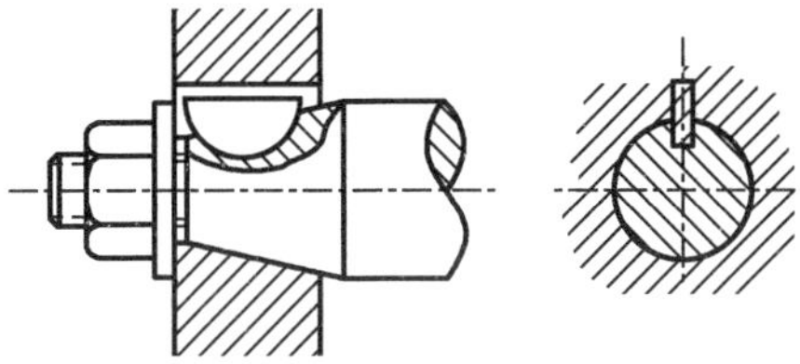

(a)　　(b)

图 9－30　半圆键连接

(3) 花键连接

花键连接的主要特点是轴的强度高，传递扭矩大，对中性、导向性好，但制造成本也较高(图 9－31)。

(a)　　(b)

图 9－31　花键连接

2. 键连接的装配

键的两侧面与键槽配合必须精确，不可松动。

(1) 平键装配要点

①清理键与键槽的锐边，去除加工后留下的毛刺以达到紧密配合。

②键长应使键头与键槽间留有 0.1 mm 左右的间隙。

③键上面与轮上键槽底面也应留有 0.2 mm 左右的间隙。

④键压入轴键槽时应先将键涂少许机油，用铜棒或软锤轻轻敲击使键与槽底紧贴。

(2) 花键装配要点

一般花键多用在套件与花键为滑动的配合上，装配时可用铜棒或软锤轻轻打入，不宜过紧。轴与轴套间应滑动自如，但也不能过松，不可有间隙。如花键配合后滑动不灵活，可用涂色法进行修正。

## 四、销连接及其装配

销连接是用销钉把零件连接在一起，使它们之间不能互相转动或移动，如图 9－32 所示。

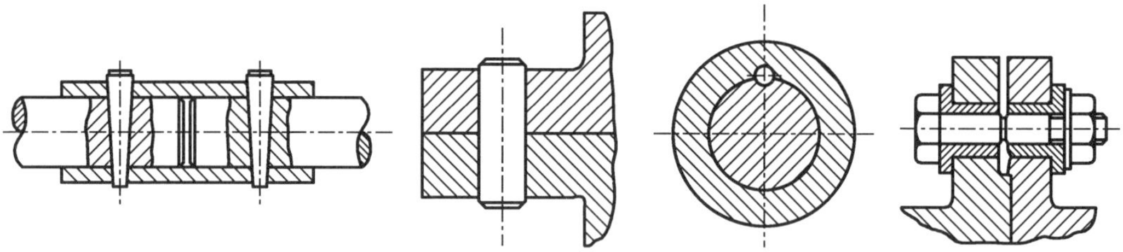

(a)紧固作用　(b)定位作用　(c)保险作用

**图 9－32　销连接的作用**

1. 销连接的作用

(1)紧固作用

将两根轴通过轴套用销连接起来，利用的就是销的坚固作用，如图 9－32(a)所示，但这种连接只能传递较小的扭矩。

(2)定位作用

销的定位作用主要是用来精确确定零件间的相互位置，使它们之间不能互相转动或移动，如图 9－32(b)所示。

(3)保险作用

机件运行中超负荷时，销子被切断，以保护其他机件，如图 9－32(c)所示。

2. 销装配要点

销可分为圆柱销、圆锥销两种。在装配时应注意以下几点。

(1)圆柱销装配要点

圆柱销定位时多是靠过渡配合固定在孔中的。装配时，将两连接件紧固在一起一同钻孔和铰孔，使孔壁具有较高粗糙度，然后将销涂上润滑油装入孔内。打入销时应用软锤敲击，用力不可过大。

(2)圆锥销装配要点

装配前同样将两连接件紧固在一起，同时钻孔和铰孔，钻孔时按小头直径选用钻头，然后用 1:50 的铰刀铰孔。销子装入孔内应以自由插入孔内的长度占销子总长度的 80% ～

85%为宜。经敲击后,销子大头端可稍微露出连接件表面或与表面齐平(图 9 - 33)。

图 9 - 33　圆锥销自由放入铰过孔的深度

为便于取出销子,可选用大头带螺纹的圆锥销(图 9 - 34)。

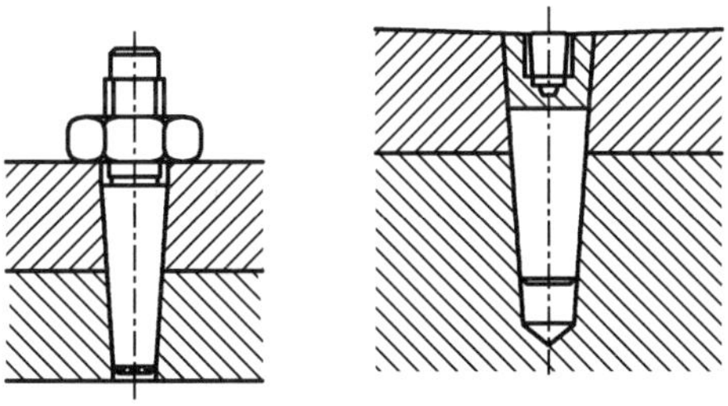

(a)带外螺纹　(b)带内螺纹

图 9 - 34　带螺纹的圆锥销

## 五、轴承的装配

1. 整体滑动轴承(轴套)的装配

轴套装入机体内的顺序为压入和固定轴套→装后检验和修整。

(1)压入轴套的方法和工具

由于船舶上工作条件的限制,一般采用垫板和手锤压入轴套(图 9 - 35)。开始压入时应放正位置,防止轴套歪斜,然后放上垫板,经垫板传递手锤的敲击力。压入时不能一步到位,要逐步进行,边压边检查。另外在压入轴套之前,还要仔细检查轴套和机体上的油孔位置是否对正,修整压入接触面上的毛刺,涂上润滑油。

(2)固定轴套的方法

为防止轴套转动,轴套压入后可用螺钉或销钉固定(图 9 - 36)。

(3)装配后的检验和修整

轴套压入后,需对压入产生的缺陷(如轴套少许变形、表面损伤等)进行检验和修整。

常采用刮削的方法使轴颈与轴套之间的间隙及接触点达到精度要求。

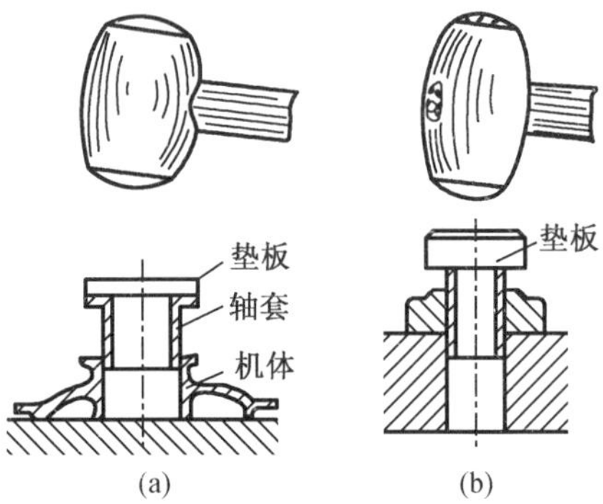


**图 9－35　压入轴套**

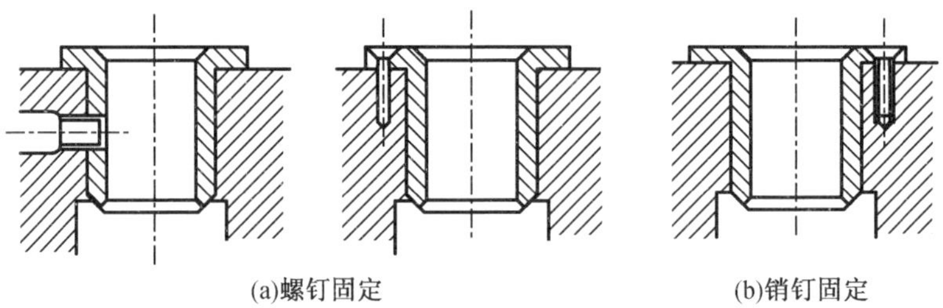


**图 9－36　轴套的固定**

2. 对开式滑动轴承(轴瓦)的装配

轴瓦装入轴承盖以前,应修光所有配合面的毛刺,检查轴承盖和轴瓦上的油孔是否对正轴瓦与轴承座,轴承盖间的外表面要贴合好,否则会造成轴瓦变形或破裂。图 9－37 所示为轴瓦不正确配合。

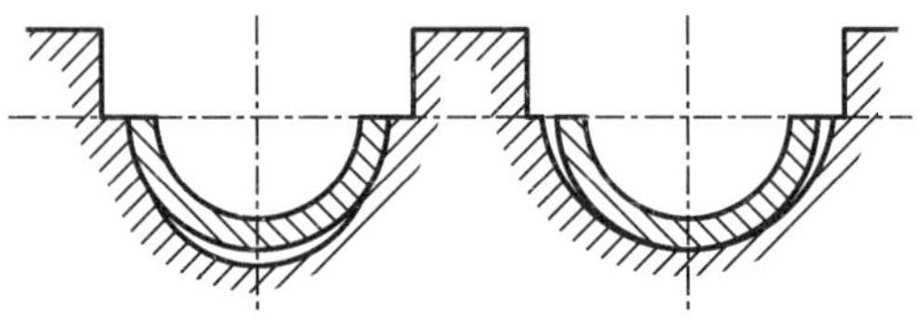

**图 9－37　轴瓦不正确配合**

装配应进行检验和修刮,其方法是用磨点子、压铅丝的方法来修正轴与轴瓦间的配合面精度和间隙。

3. 滚动轴承的装配与拆卸

(1)滚动轴承的配合

①滚动轴承内圈和轴的配合以及外圈和轴承座的配合应根据使用情况来决定。

②转动圈一般采用过盈配合,固定圈常采用极小间隙或过盈不大的配合。

(2)滚动轴承的装卸规则

①安装前,应把轴承、轴、轴套以及油孔等用煤油或汽油洗干净,涂上清洁的黄油。

②装配时注意清洁,以防污物、杂物掉入轴承内而伤害滚动表面。

③装卸时,应在配合较紧的座圈上用力,以避免损坏轴承。

④加力时,必须使力均匀地分配在座圈四周,以防轴承歪斜和卡死而损坏贴合面。

⑤轴承应装配到位,其端面应与轴肩或孔的支承面贴紧。

(3)滚动轴承的装卸工具和方法

滚动轴承的装配常采用手工敲击的方法。装配时不可直接敲击轴承端面,而需垫一木块或铜棒以及相应内孔直径的铜套(图 9 - 38)。注意敲击时应使轴承端面均匀受力。

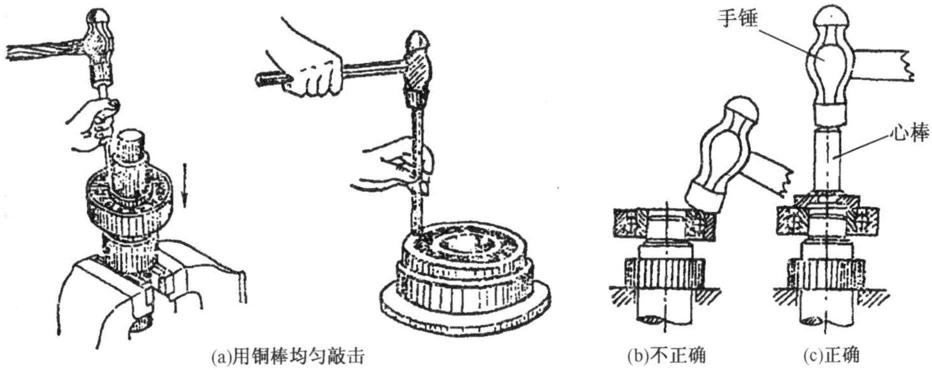


**图 9 - 38　滚动轴承装配时的锤击方法**

拆卸滚动轴承时可用专用工具"拉器"将轴承拉出(图 9 - 39)。条件许可的情况下也可用敲击法取出轴承。

## 六、轴件、齿轮、螺纹表面修复工艺

由于船舶工作条件的限制,在对机械零件修复时不具备工厂车间内的一些机修设备,所以这里仅简单介绍几种常见的、在船舶工作条件许可的情况下对轴件、齿轮、螺纹表面的修复工艺。

1. 更换配件法

对一些易损坏的零件,船舶上往往有一定的备件,只需将新备件替换已损坏机件便可。

2. 镶套法

镶套法多用于轴颈的磨损，在轴颈磨损无法工作而又无备件更换的情况下，可用与轴同样材料的轴套镶上，并用焊接或螺钉(销钉)加以固定。使用条件允许的情况下也可用胶黏剂固定(图9－40)。

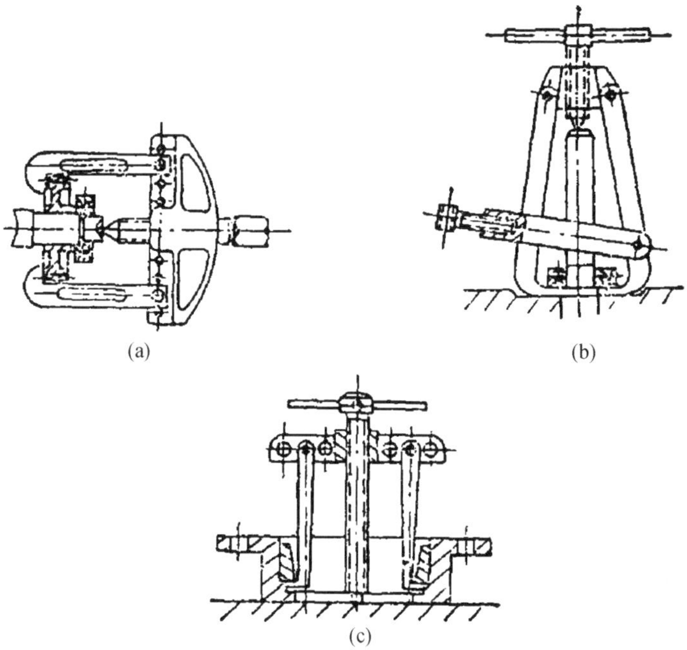


**图9－39　拆卸轴承用的工具**

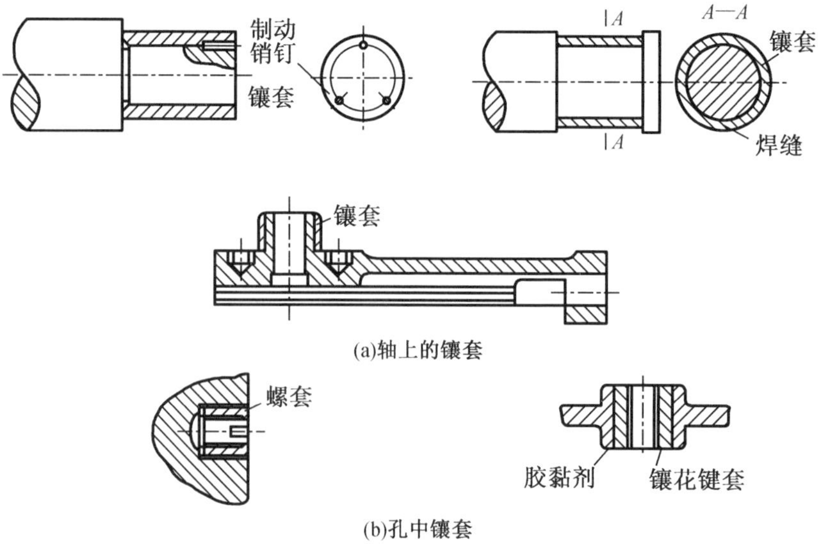


**图9－40　镶套法的应用**

3. 焊接法

焊接法指用一般焊接的方法（如气焊、电焊、钎焊），对损坏零件焊补修复。这种方法可修复各种钢件、铸铁和铜合金件。注意焊补铸件时，为防止“白口”铁的产生和改善焊缝的塑性，常采用镍基、钢铁和高钒焊条。焊修前，焊补部位要清洁干净，并进行预热处理，缓慢冷却。最后通过车削、锉削等加工使其达到一定技术要求（图 9－41）。

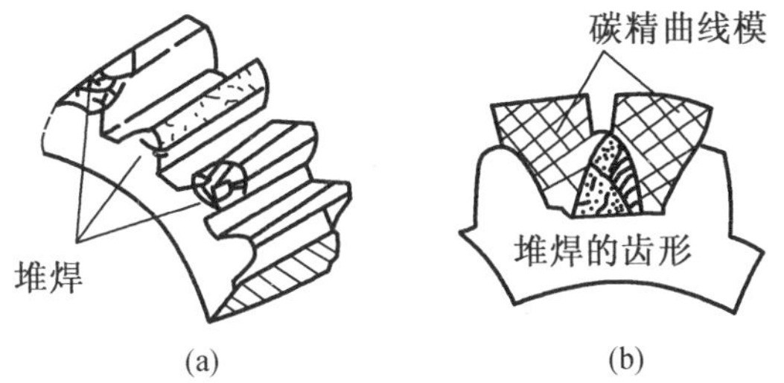


**图 9－41　轮齿焊接修理**

4. 镶齿法

对于一些不太重要的齿轮，如果轮齿局部损坏，除了可用焊补法外也可用镶齿法进行修复（图 9－42）。在断齿处镶上一块材料后再加工出齿形，镶上的材料应用螺钉或焊接法固定。

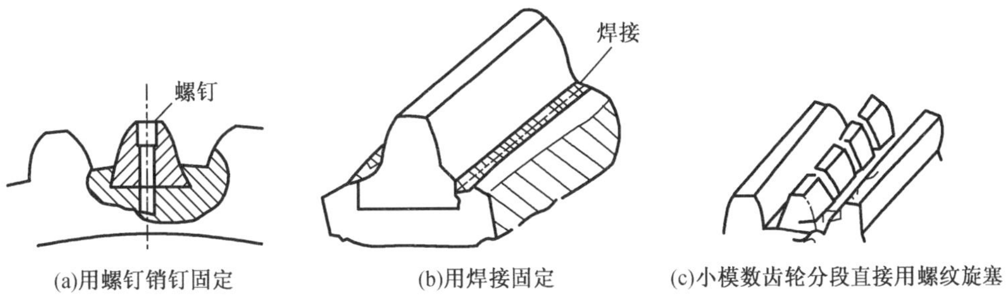


**图 9－42　镶齿法**

5. 胶结（环氧树脂黏结）法

环氧树脂是高分子合成材料，对金属、玻璃、塑料、木材等有高度的黏合性，黏结工艺简单。

环氧树脂黏合剂具有较高的强度，但不耐高温。其配制方法如下：

以 6101#环氧树脂黏合剂为例，在 100 g 的环氧树脂中加入

增塑剂：磷苯二甲酸二丁酯　　20 g

硬化剂:乙二胺　　　　　　　8 g

填　料:铁粉　　　　　　　　250 g

配制时,将环氧树脂加热熔化后,倒入瓷质或搪瓷器皿中,根据需用量按比例加入上述配料后进行充分搅拌,以消除气泡。搅拌均匀后即可使用。常温下黏合剂的硬化时间一般为12 h。

黏结强度在很大程度上取决定于黏结表面的清洁程度。因此,黏结表面应先进行修刮,然后用丙酮或四氯化碳清洗,待其风干后再进行黏结。

6. 螺纹零件修复法

螺钉、螺栓或螺母损坏(如滑牙、头部损坏或杆拉长)后,通常是更换新的。以下主要介绍机体上的螺栓孔产生滑牙或螺纹剥落等现象时的修复方法。

(1)将原螺纹孔重新扩大钻孔,去除原螺纹,重新攻上大尺寸的螺纹并重新配上螺栓。

(2)如不允许配置大尺寸螺栓时,可在扩大钻孔的原螺孔内配一个螺塞旋入机体,然后在螺塞上钻原规格螺纹的孔径,并攻丝后再旋入原螺栓(图9-43)。

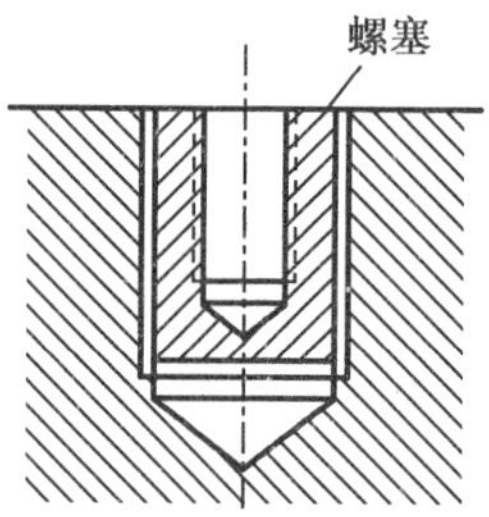


**图9-43　配螺塞**

7. 轴颈磨损的修复法

用浸润了环氧树脂胶黏剂的玻璃纤维布一道道紧密缠绕在轴颈上,缠绕厚度应超过原轴颈直径尺寸,待固化后再加工至符合要求的轴颈尺寸,便可重新装上滚动轴承继续使用。